SUPER MO DE LOS

SUPERPRECÍS
SUPERMARZIO

Miret, Santiago
Supermodelos. Superprecís. Supermarzio. Santiago Miret - 1a ed . - Ciudad Autónoma de Buenos Aires : Diseño, 2024.
180 p. ; 21 x 15 cm.
ISBN: 978-1-64360-849-5
1. Arquitectura . 2. Investigación. I. Título.
CDD 720.1

Cátedra Lencinas
Jefa de Cátedra: Marina Lencinas
Taller de Investigación Digital: Santiago Miret
Facultad de Arquitectura Diseño y Urbanismo
Universidad de Buenos Aires

Serie Investigación Digital
Director de la colección: Santiago Miret

Editor: Arq. Guillermo Raúl Kliczkowski
Diseño gráfico: DG Cecilia Ricci

Hecho el depósito que marca la ley 11.723

La reproducción total o parcial de este libro, en cualquier forma que sea, idéntica o modificada, no autorizada por los editores, viola derechos reservados; cualquier utilización debe ser previamente solicitada.

© 2024 Diseño Editorial
ISBN: 978-1-64360-849-5

Abril de 2024

SUPER MO DE LOS

SUPERPRECÍS SUPERMARZIO

Autores Santiago Miret y Melisa Brieva

CÁTEDRA
LENCINAS
diseño

Índice

Prólogo por Marina Lencinas 7

Diferenciación Generativa
Introducción por Pablo Remes Lenicov 11

Supermodelos 17

SuperPrecís 31

SuperMarzio 91

Conclusiones 175

Agradecimientos 178

Prólogo por Marina Lencinas

Supermodelos es parte de la agenda de Investigación de la cátedra a mi cargo en las asignaturas Sistemas de Representación geométrica, Morfología I y II, llevada a cabo por Santiago Miret y un equipo de colaboradores a lo largo de varios ciclos lectivos, en distintos formatos , problematizando la forma desde perspectivas diversas; siempre con las metodologías digitales como eje.

La misma asumió tres desafíos extras: poder llevarla a cabo con estudiantes de grado del inicio de la carrera de arquitectura (que aún no dominan los sistemas de representación), lograr articularse con los contenidos de la asignatura y que tanto resultados como problematizaciones derramen en la construcción de conocimiento proyectual del resto del taller, que en sí no plantea en su encuadre de trabajo la inclusión de lo digital como eje prioritario.

¿Por qué el recorte a lo digital? Articular la investigación con el trabajo didáctico en el taller es un desafío que asumió la propuesta desde el inicio. Fue puesta en movimiento en el aula, entendiendo a esta como un laboratorio de formas en donde se construyen hipótesis proyectuales, tanto de índole teórico como práctico; privilegiando el encuentro con el otro, estudiantes que conocen poco aún la disciplina pero que disponen de un capital digital importante.

Retomando las preguntas de Michel Serres en su libro *Pulgarcita* (Francia, 2012): "*¿Quién es ese joven que hoy nos llega a las aulas? ¿Qué transmitir? ¿Cómo transmitirlo?*". Estas preguntas que ya hace un buen tiempo nos veníamos haciendo como equipo (dando respuestas parciales y especulativas) son las que nos llevaron a buscar nuevos formatos, descentrarnos y salir de la masividad del taller único para armar el laboratorio de metodologías digitales, integrar la docencia con la investigación y probar caminos distintos con al menos un grupo de estudiantes; dejando de poner "parches" ante los cambios tanto del sujeto como del objeto del aprendizaje.

Diseñar otros modos de acercamiento para pensar, hacer y representar la forma. Propiciando la invención, la originalidad, lo disruptivo, descreyendo de las buenas razones y justificaciones para asombrarnos con lo producido; promoviendo que los resultados obtenidos se transformen en nuevos interrogantes, decisiones -y no recetas-, que potencien el enfoque experimental en el resto del taller.

Nuestro estudiante es un nativo digital, nacido en el siglo XXI, *Pulgarcitos y Pulgarcitas*, como diría Serres, un sujeto formateado por los medios de comunicación, la publicidad, las redes, los algoritmos -que habitan el espacio material pero también el virtual- , leen y escriben de un modo diferente al de sus docentes, manipulan con facilidad varias informaciones a la vez, integran y sintetizan de otras maneras. Capitales culturales y sociales que la agenda del curso reconoce, y desde los que contiene, propone y busca potenciar; teniendo en cuenta también los obstáculos, pero no centrándose en ellos. Buscando establecer nuevos "lazos" y "nudos" a partir de la promoción de un pensamiento relacional.

Un enfoque contemporáneo que entiende a las organizaciones desde este pensamiento, que privilegia los vínculos, buscando interacciones repetitivas y significativas, controladas y progresivas, para luego desanudarlas promoviendo nuevos enlaces y reinventar organizaciones. Cada nueva configuración es un nuevo punto de arranque para el proceso espiralado, donde se vuelve al punto de partida pero desde un lugar distinto.

Supermodelos promueve intervenciones en términos de "contradicción" de un modo no binario, y esto también es un enfoque contemporáneo, operar en la problematización de la forma poniendo en tensión los polos: lo manifiesto / lo latente, lo nuevo / lo viejo, el cambio / la resistencia al cambio, la regla / la transgresión, la precisión / la ambigüedad, la representación / lo generativo, el análisis / la construcción, a partir de reconocer la potencia de cada uno de los modelos y las lógicas de representación de cada sistema que guía el proceso de transformación. Explorando operaciones que ponen en movimiento los polos y entendiendo al dibujo desde el discurso intencionado que despliega y no como algo neutro. Las organizaciones pueden parase en la singularidad de un polo para desplegar argumentos y pasar al otro con buenas razones tanto o más convincentes ; jugando en esa tensión para encontrar un movimiento significativo y relevante.

El derrame al resto del curso se sostiene en varios aspectos tenidos en cuenta en Supermodelos, como la "libertad" que proporciona la rigurosidad de los casos de estudio históricos obviando sus referencias temporales; la "potencia del conocimiento del ámbito digital" para promover metodologías experimentales en donde se integran el pensar y el hacer; "la rapidez" para probar caminos nuevos, cambiar de dirección, rectificar y ratificar hipótesis, pero sin perder la rigurosidad y precisión que tiene la herramienta. Promover una "disciplina de la repetición", donde el probar, describir, conceptualizar, rescribir, volver al camino, repetir muchas veces más, es casi un entrenamiento necesario para automatizar operaciones que nos permitan, una vez adquiridas, experimentar fluidamente. Esta experimentación también aporta en la "reinvención de los modos de conocer", ensaya en la línea de abrir caminos, arrancar por uno y llegar por otro lado, cuestionar los puntos de inicio y arribo, cada llegada es una nueva partida. Y esta agenda fue el punto de partida de otras prácticas en el espacio del Taller y de otras investigaciones que profundizaron en aspectos vislumbrados en esta.

Gracias por el aporte, por movilizarnos para seguir aprendiendo, por promover en las aulas de FADU UBA una proyectualidad preocupada por los debates actuales y por los modos en que los estudiantes se involucran en estos procesos.

Diferenciación Generativa

Introducción
por Pablo Remes Lenicov

Supermodelos propone una lectura analítico-generativa de la arquitectura sin referencias temporales. Entiende que el proyecto arquitectónico necesita del conocimiento de la disciplina como potencia de proyecto, desplazando el significado establecido diferenciadamente del proceso para cargar la relevancia exclusivamente sobre la organización y sus posibilidades. El objetivo es construir una coherencia interna en el proceso, donde el valor se encuentra en el objeto como referencia autónoma capaz de actualizarse a medida que avanza el tiempo.

En su práctica, Supermodelos se ocupa de la geometría vinculada al espacio mediante la variación y desfiguración de los objetos iniciales, sin restricciones, e integrando la libertad que proporciona el conocimiento del ámbito digital. Una geometría que contiene al modelo y sugiere un tipo posible de ser desarrollado según las distintas definiciones que el mismo posee. De esta manera, se examinan los elementos susceptibles de variación, aquellos que deben permanecer inalterados para conservar la referencia original, y se proponen los grados en los que el sistema se permite variar. Este enfoque implica un procedimiento iterativo, caracterizado por una variación progresiva y controlada.

Cada proyecto es un modelo que conforma el primitivo sobre el que se estudian las lógicas, los criterios y registros necesarios que guían el proceso. Se trata de una inteligencia material que opera sobre los atributos del modelo, generando variaciones y relaciones con el propósito de diferenciar y transformar. Se instaura así un proceso de diferenciación generativa que introduce variaciones de grado, proponiendo nuevas configuraciones materiales.

El estudio permite trabajar sobre los elementos de la Arquitectura y la capacidad de acción que cada uno de ellos posee en estado de latencia, entendiendo su función dentro de la condición espacial. Esto es, la función del elemento en relación a la función del espacio, produciendo una relación bidireccional que se retroalimenta continuamente, permitiendo la reflexión y el estudio correspondiente. Cada variación, por más pequeña que sea, es relevante para el estudio del espacio en términos de medidas, proporciones y relaciones.

La función establecida, tanto para el elemento como para el espacio, no define automáticamente sus cualidades arqutiectónicas, para ello debemos considerar también a su capacidad. Diferenciar la función de la capacidad es algo que el mundo contemporáneo realiza naturalmente. La función de un elemento o un espacio arquitectónico es su uso específico y para lo que fue creado, la capacidad es la potencia extra que posee. Aquí podemos avanzar en términos de lo que es manifiesto y lo que está latente, donde algunos sistemas son visibles y otros están aún por surgir. La función manifiesta se refiere a la finalidad para la cual fue creado el elemento o espacio en cuestión, lo que le otorga su nombre. En contraste, la función latente abarca todo lo que ocurre además de su propósito inicial, incluyendo la intervención disciplinaria que nos aleja de soluciones predefinidas. Supermodelos nos invita a considerar este aspecto latente en términos de su potencialidad emergente.

El trabajo sobre lo latente del modelo se vuelve relevante en el marco de la construcción de un proceso que comienza sobre un campo ya establecido dentro del conocimiento disciplinar. Esto nos lleva a preguntarnos sobre los elementos que aseguran cierta repetición sin perder la condición que lo define, sus atributos en términos generales y las capacidades que poseen de reproducirse. En términos de Rafael Moneo, cada objeto a estudiar debe ser comprendido en el marco que su transformación y cambio que lleva adelante. Deja de ser simplemente un anclaje visual o nostálgico del modelo para convertirse en aquello que es capaz de hacer, en lo latente que aguarda su actualización, y en la consolidación en una novedad que posteriormente se transformará en un nuevo modelo repitiendo así el ciclo.

En ese sentido, cada fase de la investigación se orienta a desarrollar proyectos que se basan en la idea de generar diferencias mínimas pero significativas de manera progresiva. Cada paso en esta secuencia es una pequeña evolución, construyendo una lógica de proyecto única. Aunque este proceso exhibe características mecánicas, al mismo tiempo posibilita cambios sustanciales; es como una máquina que se construye desde cero en cada ocasión eludiendo patrones preestablecidos. El objetivo es alcanzar un proceso sistemático y consciente que acumule diferencias graduales para fomentar una creatividad más amplia que, al sumarse, podría desencadenar cambios más profundos.

El proyecto busca, a través de preguntas, identificar la singularidad de los modelos y volverla explícita para profundizar en el proceso de diferenciación. Este proceso podría implicar modificaciones, variaciones y cambios drásticos, llevando al modelo hacia una especie de auto-generación. La evolución no sería necesariamente lineal ni constante, sino un proceso creativo que ya contiene la evolución en forma implícita. No se espera que cada paso sea necesariamente mejor que el anterior, pero en su conjunto se entiende como un estado evolutivo constante. Cada proyecto emergente de los modelos se enfoca en la variación, donde los procesos se repiten con la finalidad de alcanzar los objetivos planteados. Cada variación es utilizada como punto de partida para la siguiente, requiriendo un enfoque metódico, paciente y riguroso para contribuir al desarrollo de un objeto arquitectónico. Esta variación se integra de manera natural en un proyecto colaborativo, permitiendo el progreso conjunto y con una evolución continua.

En su investigación formal, Supermodelos busca la construcción de información a partir de reconocer organizaciones canónicas de la disciplina. Son organizaciones que poseen lógicas implícitas y construyen modelos abstractos que serán plataformas para actualizaciones latentes no identificadas aún. Esto constituye una serie de protocolos construidos con rangos y límites de trabajo que evolucionan hacia otros modelos. Identificar los componentes para producir las variaciones será fundamental para que el modelo inicial siga cumpliendo su rol, referenciando su origen continuamente.

Las lógicas de representación aquí son relevantes para la producción del proceso, ya que las propias lógicas de cada sistema utilizado serán las que guíen cada conjunto de variaciones. Cada traspaso de sistema pone en crisis al anterior, utilizando los huecos que dejan para desarrollarse nuevamente. Aquí, la operatividad depende de la técnica utilizada.

Así, la transición del lenguaje hacia lo digital lleva al modelo a un campo desconocido, evitando una lectura idealizada e incorporando posibilidades inexploradas que emergen de su estudio. El cambio de lenguaje gráfico construye una inteligencia diferente que posiciona al modelo en un lugar nuevo, cargado de diferenciaciones que nos llevan a descubrir caminos no imaginados, transformando a la representación en generación. Esta idea del dibujo como generación permite un campo de creación que va más allá de la imaginación imitativa, reproductiva o de combinatoria, como definía Aristóteles, sino que trabaja sobre un campo creativo que produce algo no imaginado. El cambio es entre lo imaginado y lo producido. La elaboración de un procedimiento atravesado por diversos sistemas digitales de generación provoca la ampliación del campo de posibilidades hasta que algo le ponga un límite. Ese borde está determinado por los alcances de las plataformas de dibujo y modelado y la mirada liberada que habilite a que eso suceda, sin prejuicios. Para acompañar estos procesos es necesario liberarse de preconceptos que aten al proyecto a aquellos caminos conocidos y que transforman el proceso digital en una representación, permitiendo la aparición de formas no conocidas, disociadas de estrcuturas nombrado hasta ese momento. En este contexto, reflexionar acerca de los procedimientos de proyecto emerge como una acción crucial para instaurar un terreno de potencialidad compartido, sin restricciones, donde uno de los objetivos fundamentales implica volver explícitas las acciones del proyecto, apartando subjetividades que podrían conducir a la disciplina por senderos predecibles de alcance limitado. Resulta imprescindible abordar el proyecto con un conocimiento profundo de sus procesos, operaciones y perspectivas de desarrollo; para lograrlo se requiere una exploración profunda dentro del propio ámbito disciplinar, investigando cuestiones inherentes y singulares. En esta perspectiva, cobra relevancia establecer los puntos iniciales de estos procesos, los cuales posteriormente se desplegarán en una trayectoria viable y prometedora.

En este punto es necesario señalar la idea de *especie* que proponen Alejandro Zaera-Polo y Farshid Moussavi para el estudio de sus diez primeros años de práctica con su oficina Foreign Office Architects (FOA), construyendo una lectura alternativa de su trabajo. Comprenden que cierta repetición colabora con la consistencia de su posición creando un ADN posible. Esas serán las *especies* como conjuntos de relaciones morfológicas consistentes que varían en el tiempo y en el espacio, siendo suficientemente elásticas como para constituir cierta cultura del estudio, posibles de seguir siendo desarrolladas. Una especie de banco genético que habilita nuevas operaciones, lejos de lo establecido por modelos canónicos. La búsqueda no es hacia el objeto ideal, sino hacia posibles potencias capaces de estimular nuevas arquitecturas. Esta posición pone en valor el modelo inicial capaz de propagar arquitecturas en todas las direcciones, siendo irrelevante su discurso histórico, transformando al mismo en una interpretación cargada de operatividad. El modelo así, es una oportunidad para conocer y transformarse en una herramienta de acción.

Abordar los procesos no implica la consecución de un único resultado determinado por una secuencia predefinida de pasos; más bien, puede manifestarse en cualquier instante como consecuencia de un sistema de naturaleza abierta. No se reduce a una dicotomía de verdadero o falso, ni se rige por un criterio que garantiza una solución exitosa. Al alcanzar un punto culminante, no se vislumbra un cierre definitivo, sino que se abre una sucesión continua de posibilidades a lo largo del tiempo, propiciando interpretaciones diversas y despejando nuevos senderos. No está constreñido por un conjunto limitado de opciones ni se guía por un criterio predeterminado en busca de una imagen final, sino que cada proyecto se distingue por su singularidad en el procedimiento, con variadas temporalidades y desenlaces. Cada proceso de proyecto puede formar parte de otro que haya seguido un trayecto similar en algún momento, pero que en cierto punto ha cambiado de dirección y se ha conformado de manera diferente.

En términos pedagógicos, los estudiantes que siguieron la investigación propuesta por Supermodelos incorporaron una serie de temas centrales para la enseñanza del proyecto. Estudiaron una obra de referencia a partir de extraerle a la misma información posible de ser utilizada en un proceso proyectual, construyendo una mirada generativa sobre el estudio de referentes. Encontraron elementos, geometrías, organizaciones posibles de ser variadas, con sus límites mínimos y máximos, y al mismo tiempo aquellos necesarios de ser conservados para no perder la relación con ese origen. Pasaron luego a construir diagramas con sus formas de comportamiento posibles a partir de la utilización de un sistema digital de representación y generación que posibilita procesos iterativos con cierta rugosidad necesaria para establecer diferencias. Así se construye un sistema de proyecto que carece de etiquetas y que posee la necesidad de construir su propio lenguaje a la manera misteriosa de Anthony Vidler.

A medida que pasa el tiempo y se ingresa en el sistema que Supermodelos propone, se van adosando otros temas que van resignificando lo realizado, incorporando otras formas de comprensión posibles. Los modelos se transforman en ensamblajes temporales que discuten las referencias de cara al futuro. No se busca un problema contemporáneo, sino la construcción de un conocimiento disciplinar que perdure en el tiempo y genere nuevos modelos.

Supermodelos

Modelo es una de las ideas más centrales de la arquitectura, dada su antigüedad e importancia respecto de la organización formal de los edificios. Desde su aparición en el Timeo de Platón hace cerca de 2800 años, constructores y arquitectos han discutido su estatuto incesantemente. Pero como cualquier concepto extraordinario es polémico y, como toda *super idea*, la noción de modelo tiene su *lado b*: históricamente esta fue la idea de *tipo*. Tipo y modelo llevan siglos de prolífica disputa, tal vez la disputa que, bajo distintos nombres, más radicalmente impulsa el avance de la disciplina; *Tipo y modelo* no son conceptos opuestos ni análogos, las diferencias sutiles entre ambos son, y han sido, materia de debate sobre aquello que le es más interno a la disciplina de la arquitectura. Podría pensarse que este debate ha pasado de moda, de hecho, la inactualidad de tipo y modelo se ha decretado más veces que la muerte del arte; sin embargo, modelo y tipo, siempre vuelven, solemnes y revolucionarios como el primer día.

El artículo propone, primero, por medio del desarrollo conceptual de los términos de tipo, modelo y organización y, luego, por la presentación de una serie de proyectos emergentes del Supermodelo del *Précis des Leçons d'Architecture: Données a l'Ecole Impériale Polytechnique* de JNL Durand, una aproximación a la noción de Supermodelo en Arquitectura como la posibilidad de, por un lado, aprender de los linajes disciplinares considerados canónicos como una fuente inagotable de conocimiento y, por el otro, la oportunidad de construir proyectos que, a su vez, contienen multiplicidad de proyectos tan originales y vitales como el modelo primigenio del cual emergen.

Tipo

Podríamos empezar definiendo la noción de tipo para exponerla como un concepto que opera en un plano de mayor generalidad que la del modelo. Si bien tipo, suele en ciertos contextos, utilizarse como sinónimo de modelo cabe resaltar la diferenciación establecida por de Quincy.

> La palabra tipo no presenta tanto la imagen de una cosa a ser copiada o imitada perfectamente, sino la idea de un elemento que debe por sí mismo servir de regla al modelo. Todo es preciso y dado en el modelo; todo es más o menos vago en el tipo.
>
> De Quincy, 2007, p 39

La distinción operada por de Quincy establece que el modelo debe, según las reglas del arte, imitarse fielmente, mientras que, por el contrario, el tipo no opera por mímesis directa, sino que establece una serie de reglas que permiten un cierto parecido de familia sin necesidad de la similitud exacta. Para esto utiliza el ejemplo de sistemas constructivos tectónicos como ejemplos de tipos. Tal es el caso de la construcción en madera o la construcción en piedra. Las construcciones producidas bajo *typos* constructivos, si bien tienen rasgos comunes por sus reglas de asociación, módulos y secuencias, cada una es particular más allá de su origen común.

Comentando la precedente cita de Quincy, Aldo Ross afirma:

> Quincy descarta la posibilidad de que haya algo que imitar o copiar, pues en este caso no se presentaría, la creación de un modelo, es decir no se haría arquitectura. ...en la arquitectura (modelo o forma) existe un elemento que desempeña su propio papel; por lo tanto, no es algo a lo que el modelo se ha adecuado en su conformación, sino algo que está presente en el modelo. De hecho, esa es la regla, el modo constitutivo de la arquitectura. (...) si este algo -que podemos llamar

> el elemento típico o simplemente el tipo- es una constante, entonces es posible reencontrarlo en todos los hechos arquitectónicos. Ningún tipo se identifica con una forma, aunque todas las formas arquitectónicas remiten a tipos. Por tanto, el tipo es constante y se presenta con caracteres de necesidad. Sin embargo, aun siendo determinados los tipos, estos reaccionan dialécticamente con la técnica, las funciones, el estilo, el carácter colectivo y el momento individual del hecho arquitectónico.
>
> Rossi, 1978, pp 29-30

La tarea de categorización rigurosa de los tipos presentes en la ciudad, permiten a Rossi, hacer sistema de diversos tipos y construir una tipología, es decir trasciende lo axiológico y vuelve a los tipos axiomáticos y operativos a escala urbana.

Rafael Moneo relaciona a la noción de tipo con la posibilidad de sintetizar ideas y de pensar agrupadamente, e impulsa la idea de que el tipo no solo sirve para describir a la Arquitectura, sino que es el modo por medio del cual la Arquitectura se produce:

> ¿Qué es un tipo entonces? Puede ser definido más simplemente como un concepto que describe un grupo de objetos caracterizados por la misma estructura formal. Está fundamentalmente basado en la posibilidad de agrupar objetos por similitudes estructurales inherentes. Podría hasta decirse que tipo significa el acto de pensar en grupos. Arquitectura, sin embargo, el mundo de objetos creados por la arquitectura, no es solo descripto por tipos sino producidos a través de ellos. Si esta noción puede ser aceptada, puede ser entendido, por qué y cómo un arquitecto identifica su trabajo con un tipo preciso. Él está inicialmente atrapado por el tipo porque es la manera que conoce. Más tarde puede actuar en este, puede destruirlo, transformarlo, respetarlo. Pero siempre empieza por el tipo.
>
> Moneo,1978, p 36

Por otro lado, el tipo es el marco en el que el cambio opera. En este continuo proceso de transformación el arquitecto puede extrapolar desde el tipo, cambiar su uso, distorsionarlo gracias a la transformación de su escala, la superposición diferentes para producir uno nuevo o, incluso, el despliegue de citaciones formales de tipos en contextos nuevos, tanto como el empleo de cambios radicales de la técnica empleada actualmente.

Modelo

En su sentido más amplio, construir un modelo implica la selección, recorte y edición de una serie de fenómenos del mundo para volverlos material de trabajo. La tarea de modelización de fenómenos es empleada por diversas disciplinas, las cuales, si bien observan distintos fenómenos, todas comparten la tarea de posterior transformación de los mismos.

Desde otro punto de vista , podría postularse la idea de modelo como *algo* a lo que aspirar. Esta puede ser una idea abstracta, una ética, una serie de condiciones ideales que utilizamos de referencia. La idea de *role model* es bastante atinada para explicar lo que un modelo puede implicar.

La idea de *role model* es claramente un concepto instalado en la sociedad tanto que incluso involucra a la Arquitectura[1]. No sería justo, sin embargo, que esta categoría se la asocie con la intensión de imitar, o reconstruir las inteligencias o procesos por los cuales ese

[1] En Arquitectura la idea de Role Model está ampliamente aceptada al punto en el que se organizan concursos internacionales para determinar quiénes lo son anualmente: https://www.architectsjournal.co.uk/news/aj-student-survey-zaha-hadid-named-top-architectural-role-model/10033746.article e incluso el RIBA (Royal Institute for British Architecture) utiliza esa categoría como un modo de denominar figuras dignas de ser seguidas en función de lo logrado en sus carreras con sus RIBA Role Models: https://www.architecture.com/knowledge-and-resources/resources-landing-page/role-models

role model se ha constituido como tal, sino más bien, como un modo de indicar una manera exitosa de proceder, muchas veces sesgado por condicionantes coyunturales. Esto es, la idea de *role model* se ve obnubilada por acciones trascendentales que difícilmente puedan ser reconstruidas o simuladas. A diferencia de los modelos científicos que son factibles de ser reproducidos, la idea de *role model* tiene que ver con una imitación en cierta ética de las conductas, más que con una simulación de un fenómeno concreto.

Un modelo puede ser una construcción sintética de un fenómeno que un científico desarrolla para poder entender cómo funciona, por ejemplo, una galaxia[2]. Para la ciencia, el problema del modelo y su definición es tan amplia como para la filosofía o la misma disciplina arquitectónica. Una síntesis particularmente interesante es la que enuncia Rufina Gutiérrez:

> Un modelo científico es una representación de un sistema real o conjeturado, consistente en un conjunto de entidades con sus principales propiedades explicitadas, y un conjunto de enunciados legales que determinan el comportamiento de esas entidades.
>
> Gutiérrez, 2014, p 39

En esta breve explicación, quedan claros tres aspectos de los modelos científicos. Primero, son una representación de un sistema real, es decir, una construcción abstracta de un fenómeno (entendido como sistema) existente en la realidad. Segundo, las propiedades explicitadas en esta representación son sólo algunas, las principales. Esto implica que los modelos son síntesis de la complejidad de la realidad. Finalmente, se enuncia que implican un conjunto de

[2] Los estudios de Rupert Croft de Carnegie Melon, de simulaciones de la evolución del Universo puede contribuir a que los científicos demuestren de manera más precisa sus teorías. Ver https://www.cosmonoticias.org/nuevas-simulaciones-exploran-las-explosiones-de-supernovas-y-la-evolucion-del-universo-parte-2/ visitado en mayo 2020.

enunciados legales, es decir, deben explicitar una normativa, que determina el comportamiento del mismo.

En su sentido más práctico arquitectónico, un modelo es un dibujo tridimensional de un objeto. Estos dibujos tridimensionales, si son desarrollados por medio de un ordenador, pueden contener versatilidades paramétricas (ser activos) o simplemente modelos geométricos de objetos que existen como tales en el mundo real (estáticos). Los modelos que son de interés para este trabajo, indefectiblemente involucran una modelación tridimensional digital y, la posibilidad de que sean paramétricos estará determinada por el modo en el que ese modelo sea construido, por lo que esta cuestión será relegada a cada modelo en particular. No obstante, esta condición no los agota en significado, es decir, no basta con que sean modelaciones tridimensionales digitales.

Los modelos que desarrollamos como arquitectos son modelos a seguir, queremos que nuestros proyectos se parezcan a ellos, implican una síntesis de un fenómeno que existe en el mundo real y son, además, modelos digitales, tridimensionales de proyectos de Arquitectura.

Pero centralmente tiene que ver con esta idea de Quatremere de Quincy del concepto de Imitación:

> Imitar no significa necesariamente crear la imagen o producir la semejanza de una cosa, de un ser, de un cuerpo, o de una obra dada; ya que se puede, sin imitar la obra, imitar el artífice. Se imita la naturaleza haciendo como ella, o sea, no reproduciendo la obra propiamente dicha, sino apropiándose de los principios que sirven de regla a esta obra, de su espíritu, de sus intenciones y de sus leyes.
>
> De Quincy, 2007, p 173

El caso de la Arquitectura es bien particular, puesto que más allá de algunos elementos figurativos (como las hojas de acanto en los capiteles de las columnas) siempre ha sido una práctica cuya referencialidad ha sido de segundo orden[3].

> (...) se identifica un grado cero, donde el arte es producido como pura imitación. Se define luego, el primer grado, donde se afirma que la imitación no debe ser perfecta. Finalmente, aparece un segundo grado, donde aquello que se imita no es la naturaleza en todos sus aspectos, sino la naturaleza 'seleccionada' en función de un ideal invisible.
>
> Teyssot, 2007, p 26

Teyssot explica que disciplinas como la pintura, por ejemplo, copia en un cuadro una naturaleza muerta[4]. Esto podría considerarse una referencialidad de segundo orden, siendo el primer orden los objetos compositivos reales de la naturaleza muerta. La pintura vendría a ser una copia figurativa de éstos. El proceso que involucró que el arte se vuelva más abstracto, hizo que progresivamente esta referencialidad se distancie, al punto de que la pintura ya no hablaba del mundo, sino que hablaba de sí misma[5]. El ideal invisible que comenta Teyssot se explica claramente en la Cabaña Primitiva de Laugier[6]. Esta teoría posiciona a la disciplina de la Arquitectura como una práctica en la cual desde sus inicios el problema de la mímesis es de segundo grado, dado que nunca la Arquitectura buscó imitar a la naturaleza en su forma de aparecer perfecta. Así, el modelo representa el constructo interno a la disciplina, como un centro, respecto del cual la Arquitectura puede ser autorreferencial. Este proceso, por supuesto, no es algo reciente, sino que implica un desarrollo milenario.

3 Un claro ejemplo de esto es el expuesto en los grabados de órdenes clásicos en la *l'Encyclopédie de Diderot et d'Alembert*.

4 En este sentido Adriaen van Utrecht y su Vanitas Still Life with Flowers and Skull de 1642 es un ejemplo claro de pintura de naturaleza muerta como referencialidad de segundo orden.

5 El caso de Kazimir Malevich y su obra White on White de 1918, es considerado uno de los casos paradigmáticos de la abstracción en la historia del Arte.

6 Ver Laugier. M.A. (1753) Essai sur l'architecture.

Si bien la noción de modelo tiene varias acepciones generales, para el presente trabajo y según lo expuesto anteriormente, estableceremos las siguientes definiciones:

01. Modelo como representación. En todas sus acepciones el modelo suele contener la voluntad de representar un determinado fenómeno o dominio de fenómenos. El tamaño y la cantidad de variables que contiene ese dominio varía, sin embargo, es usualmente admitido que los modelos proporcionan una representación más o menos idealizada o simplificada de los fenómenos.

02. Modelo como idealización. Para sostener la noción de idealización de los modelos se apela normalmente a conceptos como abstracción, o simplificación. El modelo construye una representación de los fenómenos dentro de un dominio, aunque sin agotarlo, es decir el modelo nunca es una representación completa. Al aislar variables el modelo juega sus parámetros de incompletitud o exhaustividad y su consiguiente consistencia.

03. Modelos como simulación. Los modelos podrían representar un dominio puramente ficcional Se trata de un antirrealismo que busca ser autónomo de una realidad objetiva. En todo caso se establecen de diferentes grados de ficcionalidad, ya que al igual que con la incompletitud, la introducción de elementos ficcionales no convierte al modelo como un todo en una ficción, pudiendo conservar ciertas capacidades de representación. La simulación incluye además la componente predictiva o evolutiva del modelo en el tiempo, el cual no es en sentido estricto, representación objetiva, sino especulación proyectiva.

A diferencia del concepto de tipo, los modelos son construcciones particulares. Es decir, representan construcciones lógicas específicas. Podríamos afirmar, por ejemplo, que no hay un único modelo de vivienda unifamiliar, pero si hay modelos de vivienda unifamiliar. Pero también existen modelos más allá de la condición programática, como modelos de sistemas de domos. El caso, quizá, más paradigmático de un modelo de domos concatenados puede ser la Iglesia Santa Sophia con sus múltiples jerarquías de ramificaciones de semidomos. Hay evidencias de esto si referenciamos a la Mezquita Azul como un edifico posterior que ha utilizado como modelo Santa Sophia, refinando su estilo y sintetizando sus geometrías hacia una construcción más idealizada. A su vez, existen modelos de sistemas de repetición matricial a modo de salas hipóstilas, siendo un exponente paradigmático la Mezquita de Córdoba[7]. O torres rascacielos modélicas que operan como referencias para la construcción de otras torres.

En resumen, los modelos construyen representaciones más o menos ficcionales de un cierto dominio de fenómenos. Para esto, la simulación es aquí convocada para reducir la distancia inicial y la opacidad inerte de los hechos y la operatividad del constructor de modelos. Dicha reducción se consuma si se puede construir un modelo de la actividad del constructor de modelos. Es decir, un procedimiento configurador de modelos. Un modelo será entonces un procedimiento arquitectónicamente construible del poder de diferenciación de un sistema arquitectónico. Un modelo será una máquina de diferenciación cuyos insumos proyectuales son materiales arquitectónicos.

Finalmente, construiremos la hipótesis de que existen Supermodelos, que van más allá de la noción de modelo como objeto único, pero no tan lejos como para constituirse como tipos. El caso del *Précis des Lecons D´Architecture Données à L´Ecole Royale Polytechnique* de Durand, es particularmente interesante por el hecho que no define tanto las formas absolutas de un caso, sino que construye las normativas singulares de multiplicidad de casos y modalidades de construcción de los mismos. Evadiendo así la absoluta concreticidad que impone un modelo único, pero sin alcanzar la generalidad conceptual de un tipo. El Supermodelo es el gradiente de diferenciación que opera entre estos dos planos.

7 Stan Allen desarrolla un estudio particularizado del sistema matricial de la mezquita de Córdoba en donde expone la condición de campo de este referente. Ver Allen, S. (1997) From Object to Field. AD Architectural Design 67, p 24-31

> La palabra tipo no presenta tanto la imagen de una cosa de la cual copiarse o a ser imitada perfectamente, como la idea de un elemento que debe en sí mismo servir de regla al modelo. (...) Todo es preciso y dado en el modelo; todo es más o menos vago en el tipo.
>
> De Quincy, 2007, p 241

Organización

Organización, veremos, es un término que se asocia con cómo los elementos están estructurados. Si tomamos el ejemplo de Alberti, la idea de organizar pone el énfasis en los elementos.

> Llamaré a Arquitecto a quien, con una razón y rigor, seguro y maravilloso, es conocedor de, primero, cómo ordenar los objetos con su mente e inteligencia, en segundo lugar, cómo reunir correctamente en la realización del trabajo todos aquellos materiales que, por los movimientos de pesos y la unión y disposición de objetos voluminosos, puede servir con éxito y con dignidad las necesidades del hombre.
>
> Alberti, 1988, p 3 (traducción propia)

En los últimos tiempos, este concepto empezó a inclinarse preferentemente más que por los elementos, por las relaciones entre éstos.

> En el uso normal, la organización denota una estructura de elementos relacionados o conexos. Patrik Schumacher, por ejemplo, expresa este significado común cuando postula que la organización se basa en la distribución de las posiciones de los elementos espaciales y su sistema de vinculaciones. En este sentido, no existe ningún edificio sin un patrón espacio-temporal inherente, al que podríamos llamar organización.
>
> Ibáñez, 2015, p 6

Esta idea tiene que ver con la influencia que las teorías de la información y comunicación (TIC) han tenido en la práctica disciplinar. La noción de sistema, asociada a aspectos relacionales, implica que una práctica que tiende a tener aproximaciones cada vez más intensas con métodos computacionales y, específicamente, modalidades digitales, debe progresivamente involucrarse con la idea de organización como sistema relacional.

> Probablemente estamos viendo hoy, la disolución de este ideal del orden tectónico. Tiene que ver, en mi opinión, con una mutación muy profunda, una que está directamente relacionada con el diseño digital es el hecho de que las partes son reemplazadas cada vez más por relaciones.
>
> Picón, 2010, p 9 (traducción propia)

Sin recurrir a conclusiones fatalistas, respecto del fin de la organización tal y como la disciplina la desarrolló en los últimos siglos, podríamos, en cambio, posicionarnos optimistas respecto de este devenir si asumimos que la relacionalidad es una característica que se suma a la anterior. Esto es, se suma a la necesidad de combinar los elementos, la cuestión relacional aparece como un sistema de regulación superior que nos permite, por un momento, construir una distancia respecto de la forma concreta de los objetos y enfocarnos en cómo éstos efectivamente construyen sus relaciones en términos organizativos.

La organización, entonces, es aquel sistema normativo que involucra tanto a objetos (selección, forma, tipo, estructura, etc.), como a las relaciones entre estos. Si la noción de tipo es de naturaleza abstracta y general, y la de modelo más específica, pero con una fuerte dosis de abstracción, la organización será la modalidad más explícita de las tres. Como sistema normativo, la organización cumple la función de la singularización del modelo. Cada modelo admitirá, entonces, distintas organizaciones, las cuales serán determinadas, no solo por la cantidad y tipos de elementos, sino, y quizá más importante, por el modo en el que estos se relacionan.

Bajo la noción de organización es entonces que se consuma el procedimiento configurador de modelos. Si un modelo es un procedimiento arquitectónicamente construible del poder de diferenciación de un sistema arquitectónico, y bajo la noción de tipo se incluyen las reglas de este procedimiento, la organización será la suma de las reglas y procedimientos para la construcción de un modelo autónomo y no representacional, con caracteres ficcionales y especulativos, cuyo fin es la construcción iterativa de nuevos modelos derivados de sus propias reglas.

Un Supermodelo, dada su condición intermedia entre el plano de tipo y modelo, aglutina la noción de tipo-modelo-organización y la vuelve operativa, contemporánea y, al sistematizarla, actual.

Objetivos

La investigación propone un objetivo central a nivel teórico y dos objetivos secundarios a nivel práctico.

01. Construir la noción de Supermodelo, desde experimentaciones tanto teóricas como prácticas. Utilizando como base, construcciones teórico-prácticas proyectuales pre-existentes en la disciplina.

Si bien, la noción de modelo preexiste, la de Supermodelo es nueva y, por lo tanto, sujeta a revisión, prueba y evaluación. Este escrito persigue la puesta en práctica de esta idea, presentando el tema y exponiendo una serie de ensayos proyectuales desarrollados específicamente para este fin.

02a. Construir modelos de proyecto emergentes del desarrollo práctico de la noción de Supermodelo como evaluaciones respecto de los alcances de esta idea.

Los proyectos se presentan como evidencias del trabajo con la idea de Supermodelo. No representan pruebas fehacientes del uso práctico del término, ni pretenden ser demostraciones definitivas de la validación del concepto. Sino que aparecen como instancias de evaluación temporales y sujetas a revisión, pero con un alto grado de rigurosidad y compromiso respecto de los alcances exploratorios organizativos de cada caso.

02b. Construir un campo nuevo de experimentación proyectiva en relación al desarrollo de proyectos fundados en un linaje disciplinar determinado y específico.

Este aporte se persigue desde una metodología experimental que pretende despegarse del uso de referentes como imágenes extranjeras e inspiracionales, y posicionar la noción de caso de estudio como material de trabajo directo. Explorando desde las potencialidades proyectuales del caso, haciendo hincapié en las estructuras organizativas de los mismos que habilitan a la generación de proyectos como desviaciones e intensificaciones de las capacidades de variación de la normativa de los modelos originales.

Referencias bibliográficas

Alberti, L.B. (1988). *Ten Book}s*, Book 1. Masachussetts: MIT.

Argán, C. G. (1966). *El concepto del espacio arquitectónico: La tipología arquitectónica*. Buenos Aires: Editorial Nueva visión.

Argán, G. C. (1984). Tipología. *Summarios* (79).

De Quincy, Q. (2007). *Quatremere De Quincy, Diccionario de arquitectura: voces teóricas*. Buenos Aires: Editorial Nobuko.

Durand, J.N.L. (1819) *Précis des Lecons D'Architecture Données à L'Ecole Royale Polytechnique 1805*. París.

Eisenman, P. (2008). *Diez edificios canónicos*. Barcelona: Gustavo Gili.

Gutiérrez, R. (2014) Lo que los profesores de ciencia conocen y necesitan conocer acerca de los modelos: aproximaciones y alternativas. *Bio-grafía*, 7(13). pags 37-66

Ibáñez, M. (2015) Organization or Design *A+T Solid Harvard Symposia on Architecture Series.*

Moneo, R. (1984). De la Tipología. *Summarios* (79).

Picón, A. (2010). *Digital Culture in Architecture: An Introduction for the Design Professions.* Basel: Birkhäuser.

Semper, G. (1851). *The Four Elements of Architecture and Other Writings.* UK: Cambridge Press.

Summerson, J. (1974). *El lenguaje clásico de la arquitectura.* Barcelona: Gustavo Gili.

Teyssot, G. (2007) Mímesis. en De Quincy, Q. (2007). *Quatremere De Quincy, Diccionario de arquitectura: voces teóricas.* Buenos Aires: Editorial Nobuko.

Venturi, R. (1977). *Complejidad y contradicción en la arquitectura.* Barcelona: Gustavo Gili.

Wittkower, R. (1973). *Architectural Principles in the Age of Humanism.* UK: Academy editions.

SuperPrecís

Le Grand Durand, el libro que Durand desarrollara entre 1799 y 1801 y que oficialmente se conoce como *Receuil et parallele des édifices en tout genre, anciens et modernes*, inicialmente tenía como objetivo la consolidación de una historia disciplinar basada en el dibujo como uno de sus materiales más importantes.

Le Grand Durand, tal vez la obra más comprehensiva de la historia disciplinar, borra toda jerarquía e ideología al postular una ontología plana de obras las cuales son ordenadas por temas, todas representadas en planta y en la misma escala. Templos hindúes, pagodas, basílicas en un despliegue inconmensurable de cuidado por el material y dibujo riguroso. No solo va más allá del canon occidental en la selección de casos, sino que las categorías propuestas van al núcleo problemático de la arquitectura, sus tipos organizacionales. Si bien la idea de tipo no es explicitada, cada lámina a la manera palladiana pone en relevancia el problema del estudio comparativo de tipos arquitectónicos. Argán expone la noción de tipo al prostularla como un concepto intrínsecamente relacional, en donde *Le Grand Durand* opera directa y literalmente.

> El tipo en la historia se ha determinado siempre por la comparación entre sí de una serie de edificios.
>
> Argan, 1978, p 34

También a la manera de Sebastiano Serlio, el uso exclusivo de proyecciones paralelas, es mucho más que una filiación con Gaspar Monge, es una tesis sobre los fines prácticos de la arquitectura, proponiendo una representación que es propia de la Arquitectura y la cual la diferencia de las artes plásticas. *Le grand Durand* podría definirse como una colección exuberante a la vez que radicalmente ascética de materiales arquitectónicos relevantes de todas las épocas y lugares. Es lo más cercano al enciclopedismo de Diderot y d'Alembert que se ha producido en Arquitectura.

El otro libro de Jean Nicolas Durand desarrollado entre 1802 y 1805, *Précis des leçons d'architecture données à l'ecole polythechnique,* también conocido como *Le Petit Durand*, ya no a modo de enciclopedia, sino de manual de instrucciones, retoma el ascetismo elevando la apuesta por la abstracción a niveles desconocidos hasta la época, estableciendo, lo que denominaremos, un supermodelo operacional.

Su orden tripartito paradójicamente empieza por los objetos más elementales de un edificio: puertas, ventanas, columnas. Estos, despojados de todo adorno, incrementalmente construyen complejidad arquitectónica. En un segundo apartado el manual compone organizaciones con estos elementos simples liberado aún de todo tipo de restricción programática. Se recurre a todo el conocimiento desplegado en *Le Grand Durand* sobre la composición de tipos arquitectónicos. En este segundo apartado aparece uno de los primeros diagramas arquitectónicos. Austero y absolutamente abstracto, una estructura de alambre, como dirá Argán, despojada de toda retórica, pura organización en acto[8]. Una vez más y en continuidad con la cita anterior, Argán, explicará la importancia de esta modalidad de expresión al decir que:

> El tipo resultará de un proceso de selección mediante el cual separo todas las características que se repiten en todos los

[8] Ver "Marche à suivre dans la composition d'un projet quelconque" (Procedimiento a seguir en la composición de cualquier proyecto) vol 2, placa 21. en Durand, JNL. (1825) *Précis des leçons d'architecture données à l'École Polytechnique*, 4a edición. Paris: el autor.

> ejemplos de la serie, y que lógicamente puedo considerar como constantes del tipo: Observar lo antiguo y dibujar un esquema. ¿Qué tipo de esquema? Un esquema que no tiene ningún valor de forma artística porque no lo veo en su realidad de forma plástica, lo veo solamente como esquema de distribución de elementos, relacionados con una determinada idea de espacio, con una función específica. En otras palabras, aíslo una especie de esqueleto espacial, como si quisiera hacer una jaula metálica, un esquema espacial que después realizaré, al que después daré una concreción plástica real a través de formas arquitectónicas.
>
> Argán, 1978, p 35

Efectivamente, Durand, aísla, sintetiza y organiza los elementos esenciales del proyecto arquitectónico por primera vez como modalidad de explicitación del proceso proyectivo. O, dicho de otro modo, como un método para la construcción de modelos. Aquí radica el valor de la obra de Durand y donde su estatus se vuelve superior, al emerger como un modelo que, dado su alto nivel de abstracción y austeridad, habilita (e incentiva) la construcción de modelos.

Sin ser un panfleto discursivo, y a través de una colección heterogénea de escalas, el *Précis* pone en jaque todo lo conocido en metodología de proyecto. En primer lugar, abandona la idea de distribución por la de composición. Un nuevo aparato socio-político posterior a la revolución francesa instauró un imperialismo napoleónico donde muchos de los programas monárquicos previos caen en desuso. Es así que no es posible la distribución tal como se la conocía puesto que aquello a distribuir ha sido desmantelado. Sin embargo, para Durand el concepto de composición es menos una crítica socio-política de época, cómo una oportunidad para componer con aquello que es relevante y trascendente: los tipos arquitectónicos. Se conservan valores como la simetría, la proporción y el orden, sin embargo, estos no tienen los valores simbólicos que sobrevivieron al renacimiento, sino que son valores de orden abstracto, genérico. Son casi pura geometría, al servicio de la organización.

El tercer aspecto revolucionario es el abandono de la idea de carácter puesto que subvierte la correspondencia entre programas y estilo. Esto es producto de la relativización del programa como característica relevante a la composición. Se trata de contenedores genéricos cuyas organizaciones tienen embebidos tipos arquitectónicos en base a modularidad, centralidad, axialidad. En suma, podría decirse que el método de Durand es una anticipación de la abstracción del siglo 20, que junto con la naciente revolución industrial condujo a una arquitectura crecientemente modular, perimetral, de planta libre, de repetición en alzado, en definitiva, una modernidad de vanguardia.

Modelo de Modelos

Hecha esta introducción, se propone la hipótesis por medio de la cual es posible considerar la normativa proyectiva embebida en el *Précis des Lecons D'Architecture* como un modelo de modelos, capaz de engendrar proyectos como emergencias disciplinares. Cada uno de ellos puede constituirse como una singularidad con una lógica interna particular. El producto de su consistencia interna es el resultado del desarrollo intensivo de una cualidad singular en la obra de Durand. Cada proyecto implica una posibilidad de diferenciación al tiempo que una actualización de la normativa contenida en el *Précis* la cual, dada su autonomía como proyecto que se explica a sí mismo, es posible de ser considerada inmanente a su lógica organizativa individual.

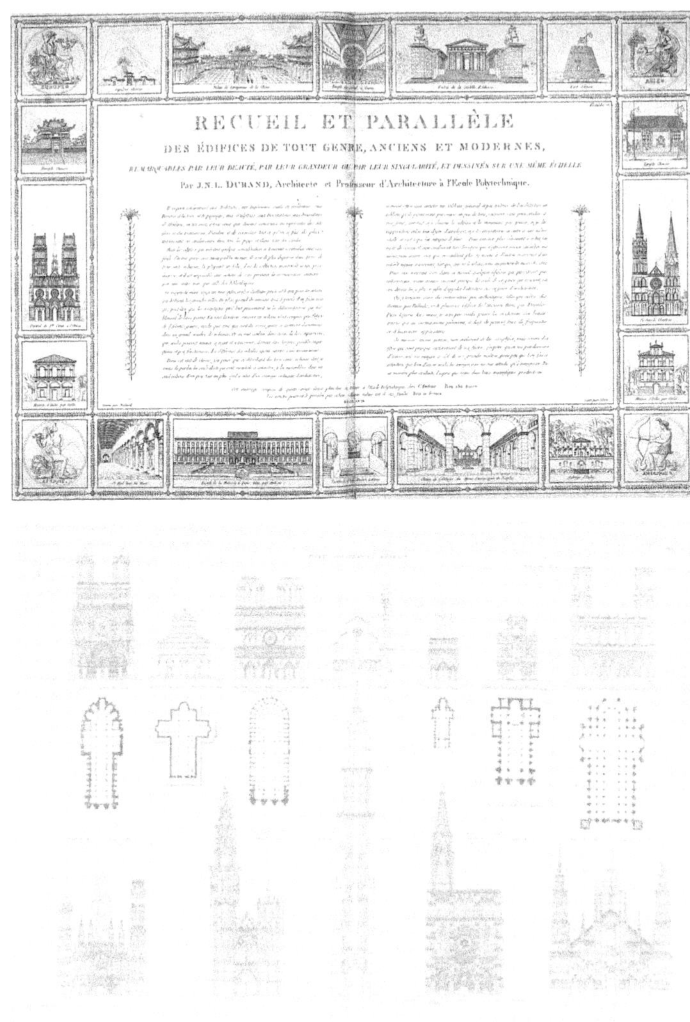

Arriba, portada del libro *Receuil et parallele des édifices en tout genre, anciens et modernes* de JNL Durand, 1801. Abajo, lámina comparativa de catedrales góticas del mismo libro.

PRÉCIS

DES LEÇONS

D'ARCHITECTURE

DONNÉES

A L'ÉCOLE POLYTECHNIQUE,

PAR J. N. L. DURAND,

ARCHITECTE ET PROFESSEUR D'ARCHITECTURE.

PREMIER VOLUME

CONTENANT TRENTE-DEUX PLANCHES.

Prix, 20 francs, broché.

A PARIS,

CHEZ L'AUTEUR, A L'ÉCOLE POLYTECHNIQUE.

AN X (1802).

Portada del libro *Précis des leçons d'architecture données à l'ecole polythechnique de* JNL Durand, 1819.

Metodología

Se propone una metodología centrada en el estudio de casos, específicamente respecto de los que aparecen en la tercera parte del libro *Précis des Lecons D´Architecture* de Jean Louis Nicholas Durand denominado: Examinación de los principales tipos de edificios. La particularidad de este método es que la información sobre los casos de estudio es parcial, ya que de algunos sólo hay plantas o algunas vistas o cortes. Esto implica el esfuerzo creativo de construir ideas respecto de la organización de los casos basándose en el material complementario que constituye el libro en su totalidad. Es así, que los casos de estudio no pueden limitarse a una lámina, sino que cada uno es referenciado como una multiplicidad presente a lo largo de todo el libro.

Para la experimentación respecto de la idea abstracta de supermodelo, se propone una metodología estructurada en tres partes, en las que, progresivamente, se va dando forma a hipótesis organizativas basadas centralmente en los casos de estudio especificados.

Etapa 01
Diagrama bidimensional de espacios en planta

Se selecciona un caso de la tercera parte del Precís y se lo redibuja, incorporando en el mismo, dibujos su matriz geométrica organizativa, con el objeto de iniciar el proceso de construcción modélica e incentivar a la construcción de hipótesis respecto de su organización.

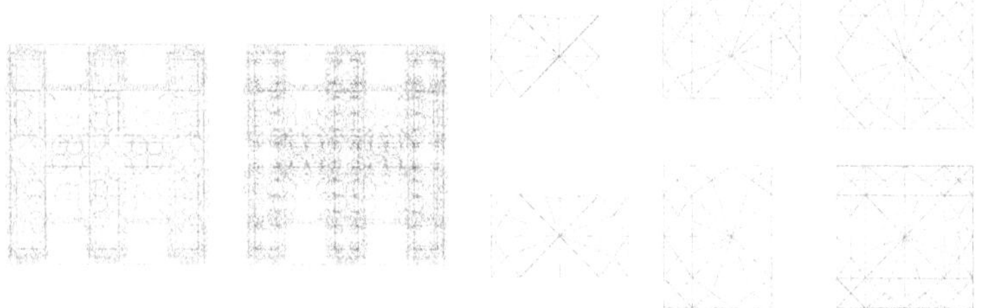

Primeras aproximaciones al dibujo de matrices geométricas de casos. SuperPrecís, Morfología, Cátedra Lencinas, Carrera de Arquitectura, Facultad de Arquitectura Diseño y Urbanismo, Universidad de Buenos Aires. Profesores Melisa Brieva y Santiago Miret. Estudiantes Cruces, Ana Inés y Sordo, Camila. 2019.

Workshop 1
Volumetrización

Se construyen volumetrías esquemáticas sobre la matriz geométrica desarrollada del caso de estudio original, con el objeto de tridimensionalizar el dibujo originalmente en planta, para luego afectar estas volumetrías generando las interioridades espaciales. Esto se genera a partir de cubos de poliestireno expandido extruido (polifan), para luego perforarlo con acetona líquida. Esta técnica expone la falta de control sobre el material, propiciando resoluciones tectónicas impredecibles e indeterminadas.

Ensayos materiales con polifan y acetona. SuperPrecís, Morfología, Cátedra Lencinas, Carrera de Arquitectura, Facultad de Arquitectura Diseño y Urbanismo, Universidad de Buenos Aires. Profesores Melisa Brieva y Santiago Miret. 2019.

Etapa 2
Diagrama tridimensional en axonometría

Se dibujan tridimensionalmente las experimentaciones materiales, integrándolas con la consistencia y rigurosidad de los dibujos en planta y matrices geométricas desarrolladas con antelación. En este proceso se pone a prueba un alto grado de creatividad al intentar reconstruir con rigor geométrico experimentaciones materiales irregulares. Por medio de este método se sintetizan y reconstruyen organizaciones materiales nuevas, como variaciones respecto de las preexistentes en el caso de estudio original.

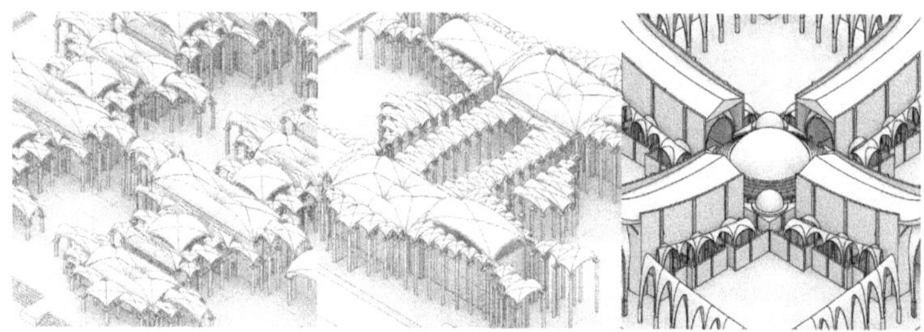

Volumetrizaciones. SuperPrecís, Morfología, Cátedra Lencinas, Carrera de Arquitectura, Facultad de Arquitectura Diseño y Urbanismo, Universidad de Buenos Aires. Profesores Melisa Brieva y Santiago Miret. Estudiantes Lucía Gelber y Gastón López. 2019.

Workshop 2
Envolvente

Se reconstruyen los modelos dibujados tridimensionalmente con modelos físicos utilizando fundas de lycra (a modo de envolvente) rellenas de guata (espacialidad interior). Sobre estas "almohadillas" se tensiona la lycra hacia su interior utilizando costuras que son determinadas por medio de la matriz geométrica del caso de estudio. Esto deviene en un sistema material continuo, en donde las columnas, al tensionar la tela, reconstruyen las bóvedas y cañones corridos que estas arquitecturas poseen, pero lo hacen ahora de un modo continuo, apuntando a construir un lenguaje fluido entre el modo de aparecer exterior y su forma organizativa interna.

Ensayos materiales con almohadillas de lycra y guata. SuperPrecís, Morfología, Cátedra Lencinas, Carrera de Arquitectura, Facultad de Arquitectura Diseño y Urbanismo, Universidad de Buenos Aires. Profesores Melisa Brieva y Santiago Miret. 2019.

Etapa 3
Diagrama síntesis

Se sintetizan los diagramas tridimensionales con las experimentaciones materiales, obteniendo un edificio complejo, con "invenciones" estructurales y materiales que dan cuenta de su versatilidad. Los proyectos emergentes son variaciones intensivas de los casos de estudio originales.

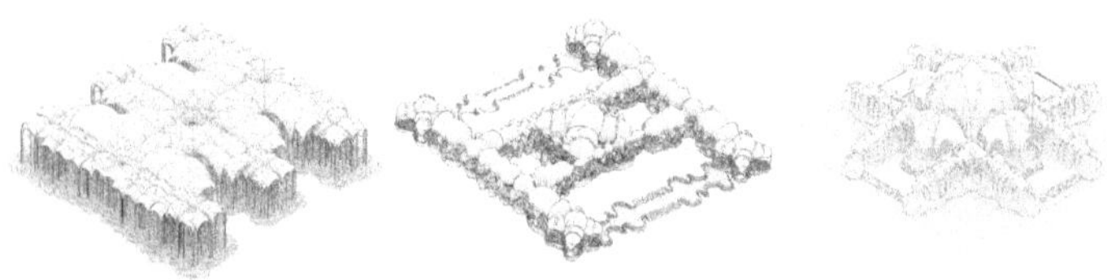

Síntesis diagramáticas. SuperPrecís, Morfología, Cátedra Lencinas, Carrera de Arquitectura, Facultad de Arquitectura Diseño y Urbanismo, Universidad de Buenos Aires. Profesores Melisa Brieva y Santiago Miret. Estudiantes Ana Inés Cruces, Guadalupe Castro y Francisco Carrillo. 2019.

Workshop 3
Interioridad

Se construyen encofrados de lycra tensada, haciendo foco en los puntos de la matriz geométrica organizativa del modelo estudiado, para luego volcar en ellos yeso líquido. El resultado es la obtención de modelos de yeso continuos que reconstruyen las cáscaras exteriores de los proyectos a la vez que relacionan los elementos arquitectónicos presentes en los casos de estudio de modo continuo.

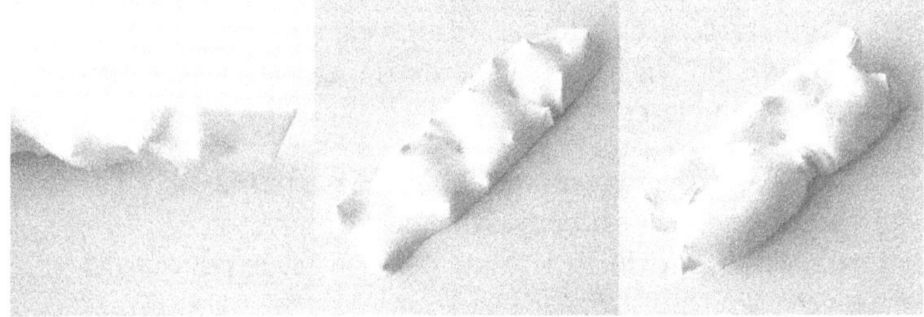

Ensayos materiales con yeso y moldes de lycra tensada. SuperPrecís, Morfología, Cátedra Lencinas, Carrera de Arquitectura, Facultad de Arquitectura Diseño y Urbanismo, Universidad de Buenos Aires. Profesores Melisa Brieva y Santiago Miret. 2019.

Campo Abovedado
Ana Inés Cruces

Caso de estudio: placa 8 (der). Durand, J.N.L. (1819) *Précis des Lecons D'Architecture Données à L'Ecole Royale Polytechnique* 1805. París.

El proyecto se presenta como un campo contenido objetualmente, por una serie de repeticiones interpenetradas de bóvedas rebajadas, cuya intersección genera la posibilidad de una continuidad espacial. Esta continuidad contribuye a la generación de cubiertas complejas que derraman unas sobre otras, consolidando un espacio continuo pero ambiguo respecto de sus límites. Si bien el proyecto identifica claramente sus límites como objeto arquitectónico, su interioridad se caracteriza por la idea de continuidad, sólo puesta en conflicto respecto de sus desniveles y transiciones cupulares.

El campo en el proyecto es contenido por una matriz triaxial, interconectad por un eje central cuyas intersecciones son desmaterializadas producto de la interpolación y superposición de círculos en planta que se materializan como cúpulas en altura. La complejidad del proyecto se centra en la repetición de un prototipo simple, el cual construye diferencia a partir de sutiles variaciones en su tamaño, constituyendo una proliferación levemente diferenciada, suficiente para consolidar una espacialidad, si bien axial en su forma general, ambigua en su forma específica. Los espacios, parecen desmaterializarse hacia los bordes del objeto, dejando en suspenso la decisión concreta de los alcances de la espacialidad interna respecto de sus bordes.

En oposición a la forma organizativa en planta, que pareciera indicar el centro geométrico del objeto como el espacio de mayor jerarquía, las alturas se achican hacia el centro. Esto implica una contradicción respecto de la relevancia de la centralidad respecto de la organización general, contribuyendo a la disolución de la espacialidad concreta en el proyecto. Los lugares que parecieran ser más convocantes, resultan los más estrechos y viceversa.

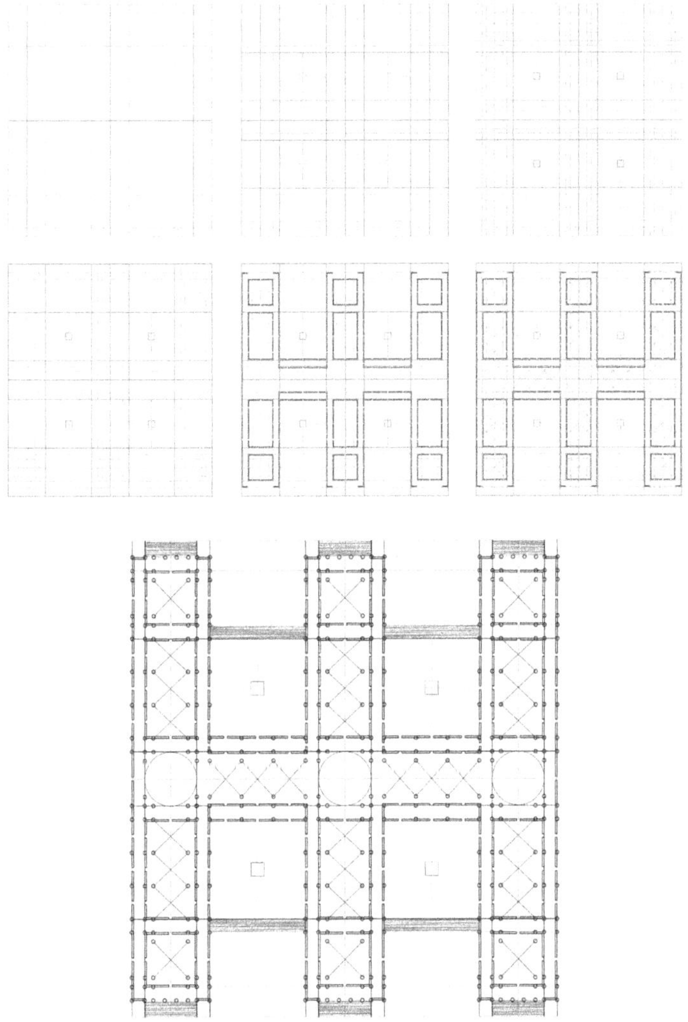

Redibujo del Caso de estudio: placa 8 (der) del *Precís* de JNL Durand. Campo Abovedado. SuperPrecís, Morfología, Cátedra Lencinas, Carrera de Arquitectura, Facultad de Arquitectura Diseño y Urbanismo, Universidad de Buenos Aires. Profesores Melisa Brieva y Santiago Miret. Estudiante Ana Inés Cruces. 2019.

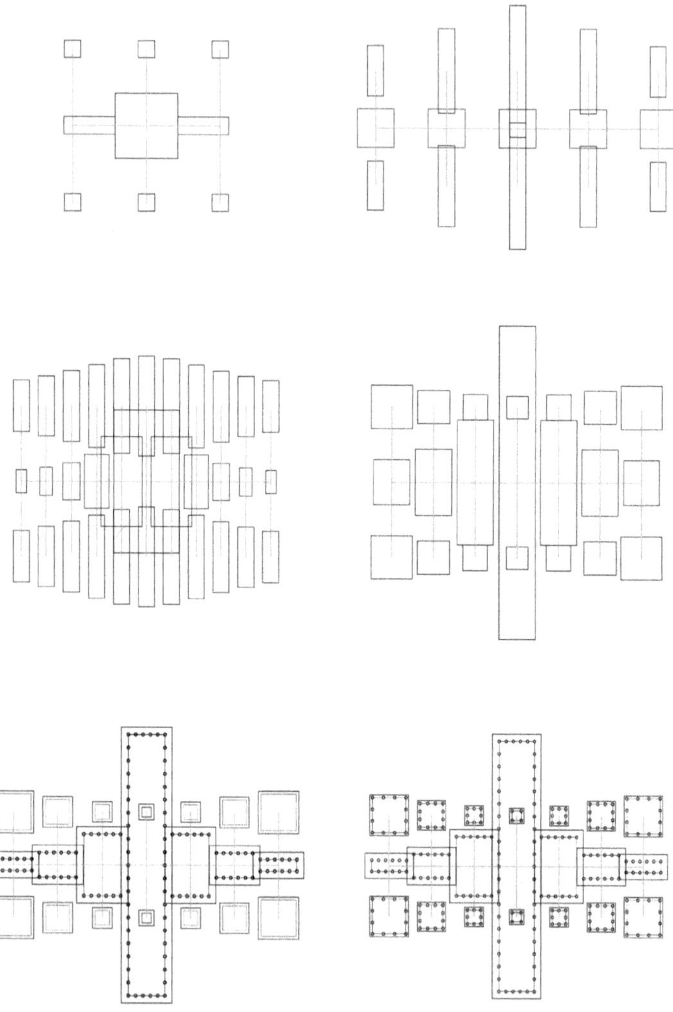

Desarrollo de sistemas de crucerías variables. Campo Abovedado. SuperPrecís, Morfología, Cátedra Lencinas, Carrera de Arquitectura, Facultad de Arquitectura Diseño y Urbanismo, Universidad de Buenos Aires. Profesores Melisa Brieva y Santiago Miret. Estudiante Ana Inés Cruces. 2019.

Tridimensionalización y variación continua de estructuras. Campo Abovedado. SuperPrecís, Morfología, Cátedra Lencinas, Carrera de Arquitectura, Facultad de Arquitectura Diseño y Urbanismo, Universidad de Buenos Aires. Profesores Melisa Brieva y Santiago Miret. Estudiante Ana Inés Cruces. 2019.

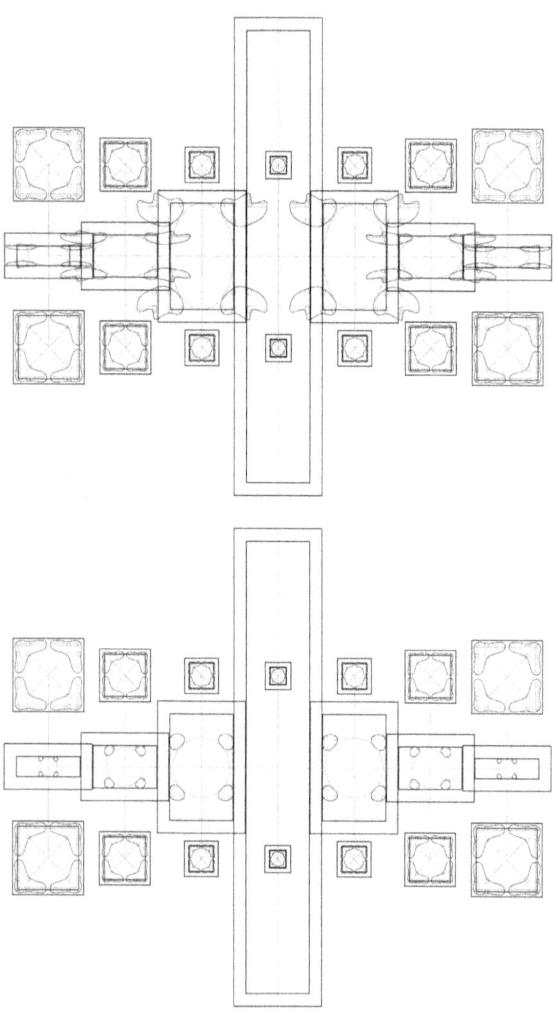

Calibración de la variabilidad de las crucerías. Campo Abovedado. SuperPrecís, Morfología, Cátedra Lencinas, Carrera de Arquitectura, Facultad de Arquitectura Diseño y Urbanismo, Universidad de Buenos Aires. Profesores Melisa Brieva y Santiago Miret. Estudiante Ana Inés Cruces. 2019.

Campo de espacios esféricos. Campo Abovedado. SuperPrecís, Morfología, Cátedra Lencinas, Carrera de Arquitectura, Facultad de Arquitectura Diseño y Urbanismo, Universidad de Buenos Aires. Profesores Melisa Brieva y Santiago Miret. Estudiante Ana Inés Cruces. 2019.

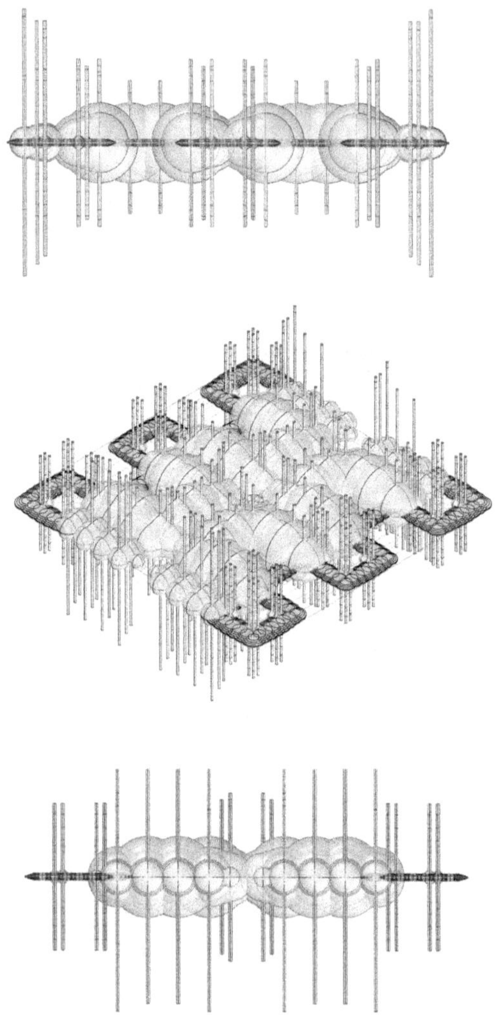

Calibración de campo de espacios esféricos. Campo Abovedado. SuperPrecís, Morfología, Cátedra Lencinas, Carrera de Arquitectura, Facultad de Arquitectura Diseño y Urbanismo, Universidad de Buenos Aires. Profesores Melisa Brieva y Santiago Miret. Estudiante Ana Inés Cruces. 2019.

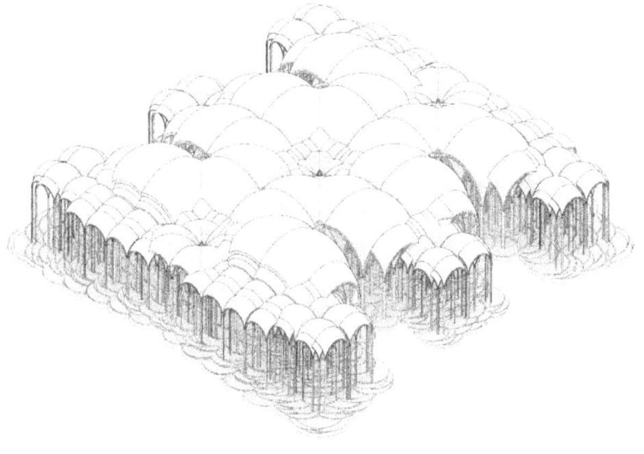

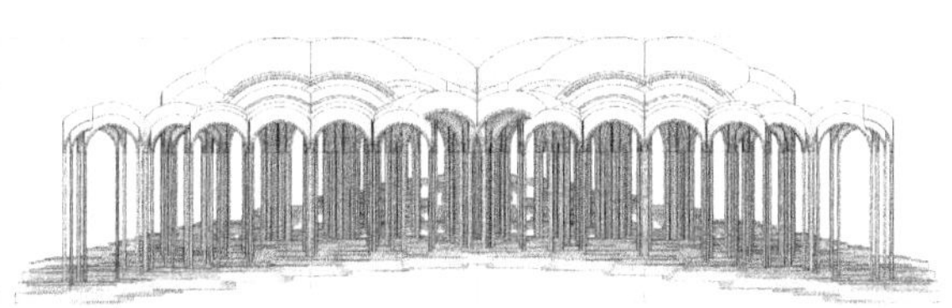

Axonometría general y vistas laterales. Campo Abovedado. SuperPrecís, Morfología, Cátedra Lencinas, Carrera de Arquitectura, Facultad de Arquitectura Diseño y Urbanismo, Universidad de Buenos Aires. Profesores Melisa Brieva y Santiago Miret. Estudiante Ana Inés Cruces. 2019.

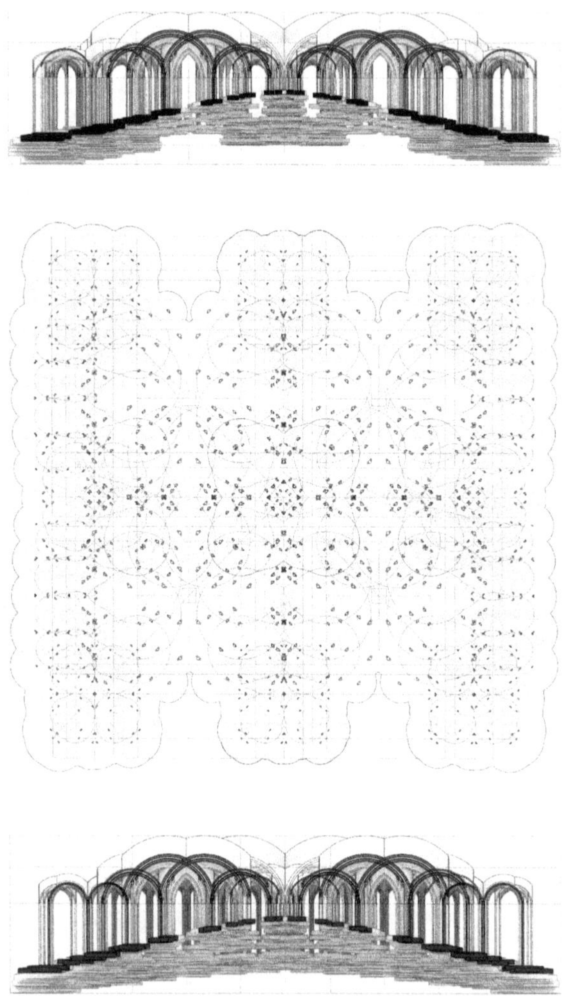

Planta general y cortes. Campo Abovedado. SuperPrecís, Morfología, Cátedra Lencinas, Carrera de Arquitectura, Facultad de Arquitectura Diseño y Urbanismo, Universidad de Buenos Aires. Profesores Melisa Brieva y Santiago Miret. Estudiante Ana Inés Cruces. 2019.

Galerías Inside-Out
Guadalupe Castro

Caso de estudio: Placa 7. Durand, J.N.L. (1819) *Précis des Lecons D´Architecture Données à L´Ecole Royale Polytechnique* 1805. París.

El proyecto presenta un claustro que, a su vez, contiene cuatro patios, los cuales, se agrupan en dos tipos. Los primeros, más grandes, ubicados verticalmente axiales, abiertos hacia el perímetro. Los segundos, más chicos, ubicados horizontalmente axiales, cerrados. Todos con conexión directa con el espacio central del edificio.

La interioridad cavernosa, pseudo-simétricamente espejada en el plano horizontal del proyecto se ve interrumpida en sus fachadas frontales por galerías abiertas, cuya continuidad con el perímetro del edificio se genera sólo por un desnivel que virtualmente insinúa una secuencia de espacios concatenados. Estas galerías parecen heredar la forma ondulante de su perímetro de las cúpulas interconectadas de los perímetros laterales. De este modo, la curvatura de sus bordes emerge como un registro de la memoria del borde del edificio: un índice que, gracias a su continuidad organizativa, inventa una nueva modalidad de galería abierta. Las ondulaciones responden, además, a la necesidad por parte de los desniveles, de alcanzar el nivel cero del proyecto, generando llegadas tanto hacia el interior (claustro abierto) como hacia el exterior del edificio.

Cuatro cúpulas múltiples, producto de la superposición de 9 semiesferas dispuestas en cruz, coronan las esquinas del proyecto. Estas implican una versión contenida de la gran cúpula múltiple central que apoya sobre cuatro galerías y, al igual que las de esquina, se refleja especularmente según el plano horizontal. Hacía arriba construye un cielorraso escalonado de cúpulas, hacia abajo, un auditorio simétrico de escalinatas que derraman en todas direcciones.

Redibujo del Caso de estudio: Placa 7 del *Precís* de JNL Durand y construcción geométrica de las crucerías en planta. Galerías *Inside-Out*. SuperPrecís, Morfología, Cátedra Lencinas, Carrera de Arquitectura, Facultad de Arquitectura Diseño y Urbanismo, Universidad de Buenos Aires. Profesores Melisa Brieva y Santiago Miret. Estudiante Guadalupe Castro. 2019.

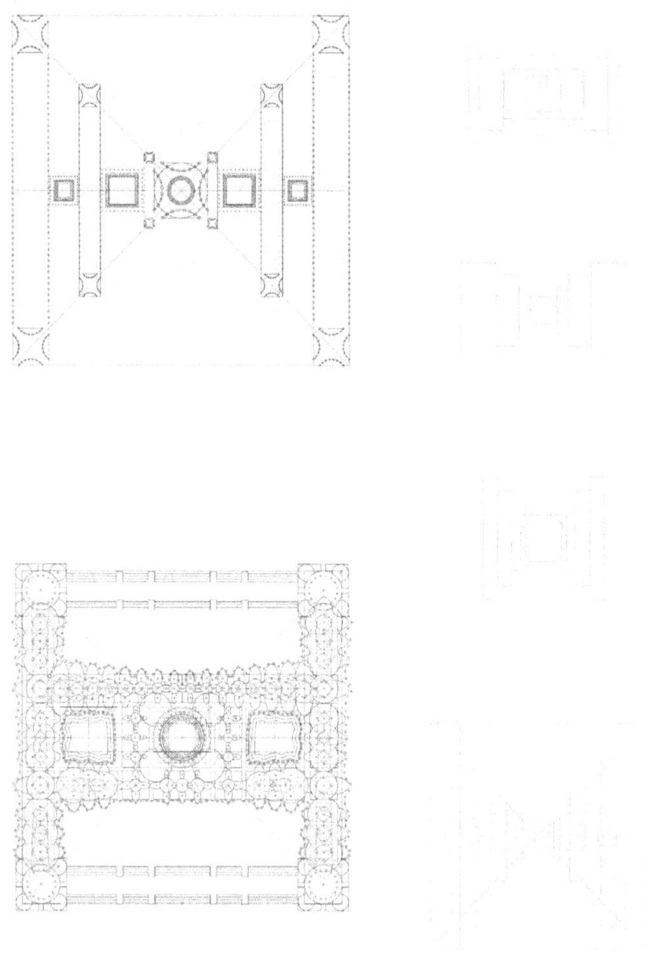

Estudios de variación continua de las crucerías en planta y la organización general. Galerías *Inside-Out*. SuperPrecís, Morfología, Cátedra Lencinas, Carrera de Arquitectura, Facultad de Arquitectura Diseño y Urbanismo, Universidad de Buenos Aires. Profesores Melisa Brieva y Santiago Miret. Estudiante Guadalupe Castro. 2019.

Población de la planta con crucerías de múltiples centros. Galerías *Inside-Out*. SuperPrecís, Morfología, Cátedra Lencinas, Carrera de Arquitectura, Facultad de Arquitectura Diseño y Urbanismo, Universidad de Buenos Aires. Profesores Melisa Brieva y Santiago Miret. Estudiante Guadalupe Castro. 2019.

Variación de sistemas generales de plantas. Galerías *Inside-Out*. SuperPrecís, Morfología, Cátedra Lencinas, Carrera de Arquitectura, Facultad de Arquitectura Diseño y Urbanismo, Universidad de Buenos Aires. Profesores Melisa Brieva y Santiago Miret. Estudiante Guadalupe Castro. 2019.

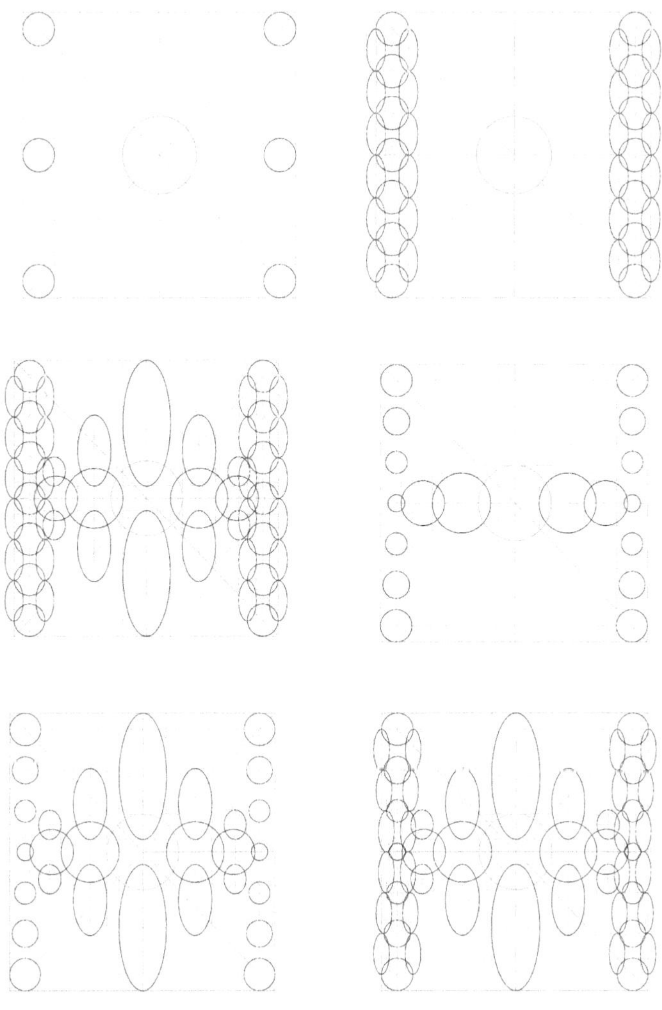

Variación de sistemas generales de plantas. Galerías *Inside-Out*. SuperPrecís, Morfología, Cátedra Lencinas, Carrera de Arquitectura, Facultad de Arquitectura Diseño y Urbanismo, Universidad de Buenos Aires. Profesores Melisa Brieva y Santiago Miret. Estudiante Guadalupe Castro. 2019.

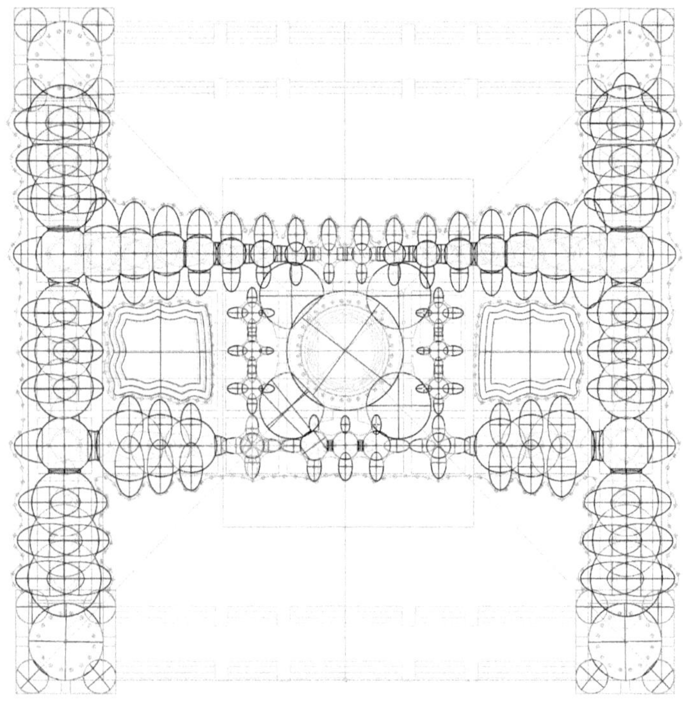

Planta general preliminar. Galerías *Inside-Out*. SuperPrecís, Morfología, Cátedra Lencinas, Carrera de Arquitectura, Facultad de Arquitectura Diseño y Urbanismo, Universidad de Buenos Aires. Profesores Melisa Brieva y Santiago Miret. Estudiante Guadalupe Castro. 2019.

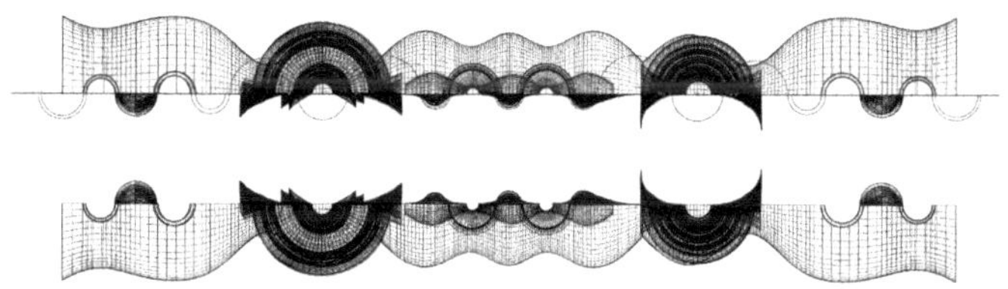

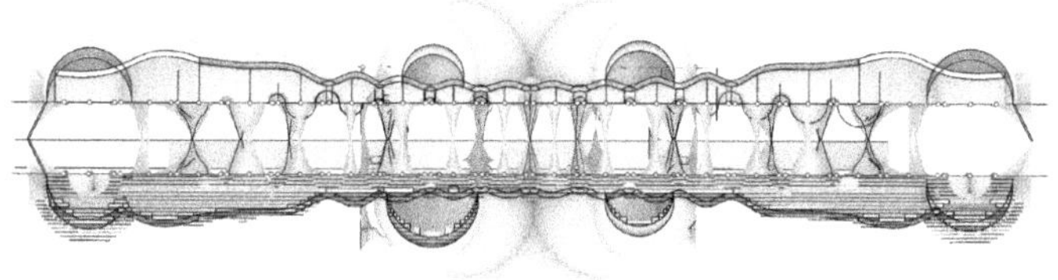

Cortes y vistas preliminares. Galerías *Inside-Out*. SuperPrecís, Morfología, Cátedra Lencinas, Carrera de Arquitectura, Facultad de Arquitectura Diseño y Urbanismo, Universidad de Buenos Aires. Profesores Melisa Brieva y Santiago Miret. Estudiante Guadalupe Castro. 2019.

Planta general y cortes. Galerías *Inside-Out*. SuperPrecís, Morfología, Cátedra Lencinas, Carrera de Arquitectura, Facultad de Arquitectura Diseño y Urbanismo, Universidad de Buenos Aires. Profesores Melisa Brieva y Santiago Miret. Estudiante Guadalupe Castro. 2019.

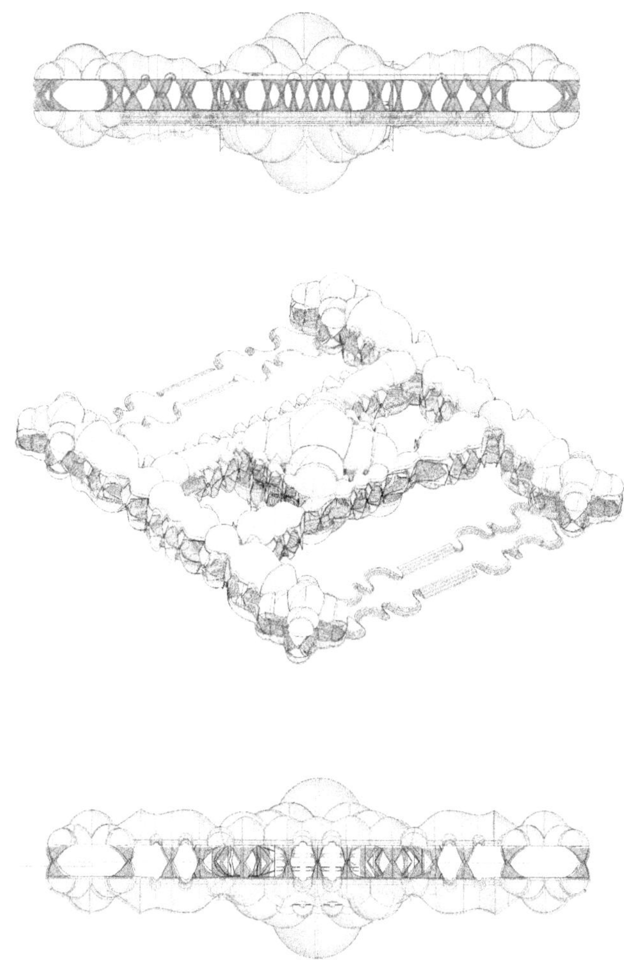

Axonometría general y vistas laterales. Galerías *Inside-Out*. SuperPrecís, Morfología, Cátedra Lencinas, Carrera de Arquitectura, Facultad de Arquitectura Diseño y Urbanismo, Universidad de Buenos Aires. Profesores Melisa Brieva y Santiago Miret. Estudiante Guadalupe Castro. 2019.

Crucería Múltiple
Francisco Carrillo

Caso de estudio: Placa 6 (der). Durand, J.N.L. (1819) *Précis des Lecons D'Architecture Données à L'Ecole Royale Polytechnique* 1805. París.

El proyecto se define como la insistencia de la crucería en la construcción y definición de espacios. Las crucerías se despliegan en galerías, esquinas, intersecciones, cubiertas nervadas, desfasando centralidades e intensificando espacios focales. Una gigantesca cúpula derrama en cuatro subcúpulas construidas a partir de la deformación cruciforme de una bóveda de crucería intersecada.

Cuatro axialidades se corren de los ejes centrales para generar cuatro semiclaustros que construyen los accesos al edificio. Una escalinata recta, construye una primer promenade sobre el nivel de las galerías. Desde allí, una segunda escalinata particionada en función del perímetro de la cúpula de crucerías ubicadas axiales al espacio central.

El proyecto explora las capacidades espaciales de la bóveda de crucería de multidireccional, con el objeto de construir bóvedas como crucerías múltiples. Los alcances resultan en espacios contenidos, múltiples sub-centralidades que, encadenadas axialmente, construyen direccionalidad. La interioridad del proyecto se debate entre grandes espacios estriados en sus cielorrasos y galerías de bóvedas nervuradas.

Crucería Múltiple propone suspender al concepto de bóveda como forma de extrusión axial y explora las posibilidades de las estriaciones diferenciadas de como posibilidad de construcción de superficies complejas. Tanto es así, que la bóveda central es insinuada con nervios estructurales curvos que definen una volumetría máxima contenedora de una bóveda intersecada en su cardo y decumano por otras dos bóvedas igualmente constituidas por nervios que desfasan dando lugar a accesos en sus ejes. La proliferación de directrices problematiza así la centralidad de la bóveda con la axialidad de las crucerías múltiples.

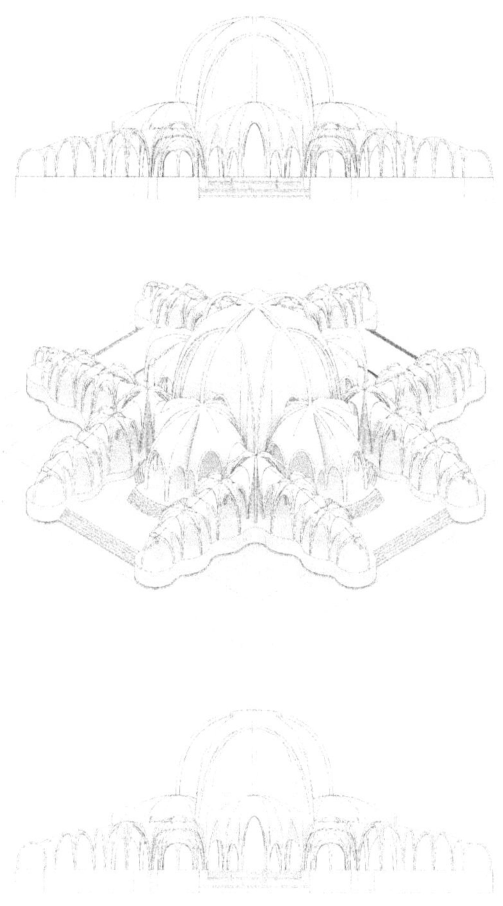

Axonometría general y vistas laterales. Crucería Múltiple. SuperPrecís, Morfología, Cátedra Lencinas, Carrera de Arquitectura, Facultad de Arquitectura Diseño y Urbanismo, Universidad de Buenos Aires. Profesores Melisa Brieva y Santiago Miret. Estudiante Francisco Carrillo. 2019.

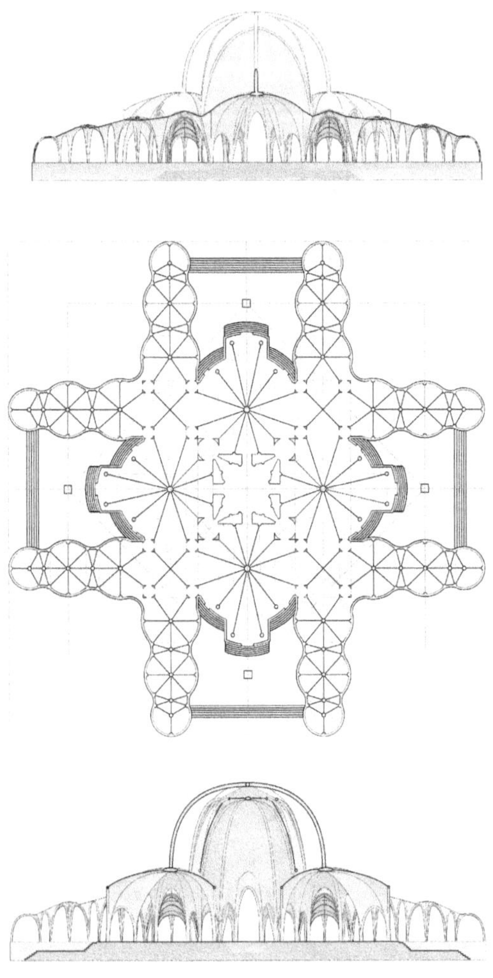

Planta general y cortes. Crucería Múltiple. SuperPrecís, Morfología, Cátedra Lencinas, Carrera de Arquitectura, Facultad de Arquitectura Diseño y Urbanismo, Universidad de Buenos Aires. Profesores Melisa Brieva y Santiago Miret. Estudiante Francisco Carrillo. 2019.

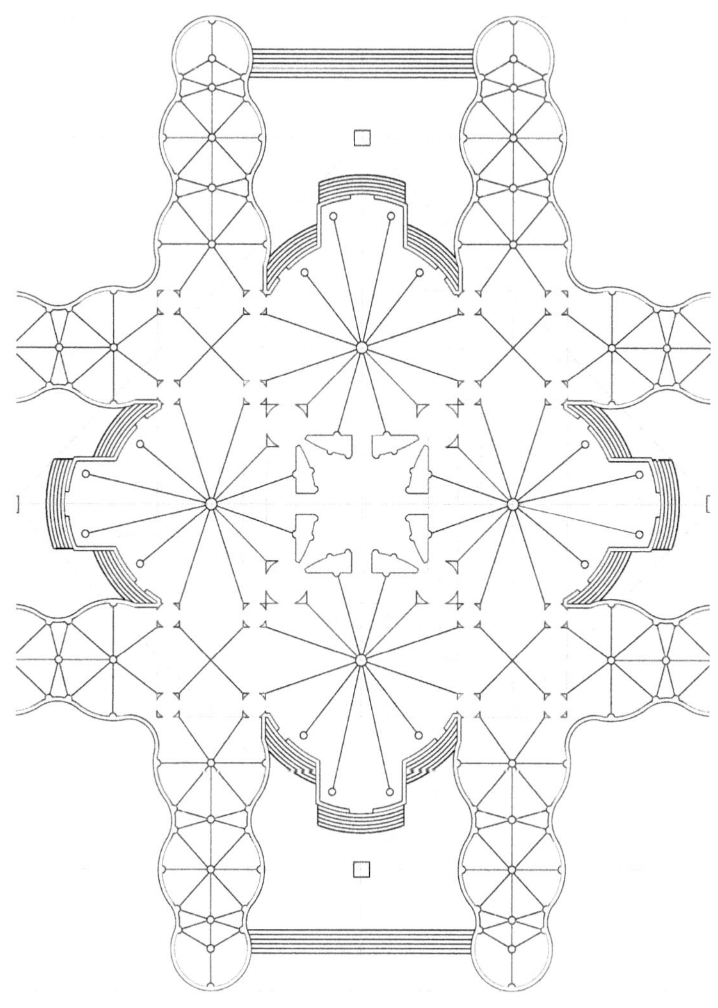

Detalle de la planta. Crucería Múltiple. SuperPrecís, Morfología, Cátedra Lencinas, Carrera de Arquitectura, Facultad de Arquitectura Diseño y Urbanismo, Universidad de Buenos Aires. Profesores Melisa Brieva y Santiago Miret. Estudiante Francisco Carrillo. 2019.

Atrios Promenade

Lucía Gelber

Caso de estudio: Placa 32. Durand, J.N.L. (1819) *Précis des Lecons D'Architecture Données à L'Ecole Royale Polytechnique* 1805. París.

El proyecto se construye a partir de la proliferación controlada de un prototipo que involucra el templo griego clásico. Éste, se replica de manera sutilmente diferenciada respecto de dos ejes alineados vinculados por un patio que, producto de la diferenciación del dispositivo "templo" se consolida como un campo de columnas perípteras y galerías que constituyen seis patios alineados y progresivamente más cerrados hacia el centro de ambas axialidades. Estos dos ejes, integrados en uno por medio de los patios concatenados, intersecan en un eje superior en el otro sentido que constituye, en planta, una cruz latina, enfatizando un gran patio abierto en dicha intersección.

El eje de intersección, diferentemente de los ejes anteriores, opera con un dispositivo variable similar, pero más robusto y, por ende, menos variable. El cual se define por dos ejes horizontales conectados por un patio de columnas en sentido vertical, cuya variación depende del centro geométrico del mismo, más no de la centralidad del edificio en general. Ésta es la diferencia más relevante respecto del dispositivo "templo" desplegado en los ejes verticales descriptos inicialmente.

Esta disyuntiva respecto de la acción de los dos prototipos de diferenciación desplegados en el proyecto, genera la contradicción (o múltiple interpretación), de la idea de prototipo (o primitiva), y su implementación respecto de la totalidad. El proyecto así, se debate entre un conjunto collagísticamente cohesionado, cuyas instancias de diferenciación fluctúan entre referenciadas a la totalidad o contingentemente lógicas respecto de la parte.

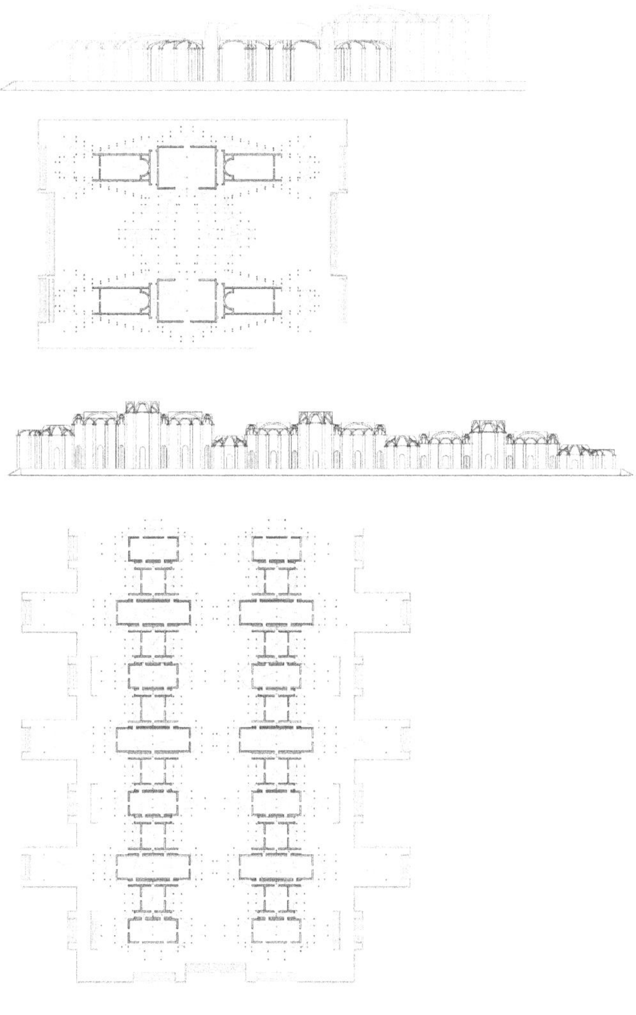

Redibujo y tridimensionalización de estructuras de crucerías variables. Atrios Promenade. SuperPrecís, Morfología, Cátedra Lencinas, Carrera de Arquitectura, Facultad de Arquitectura Diseño y Urbanismo, Universidad de Buenos Aires. Profesores Melisa Brieva y Santiago Miret. Estudiante Lucía Gelber. 2019.

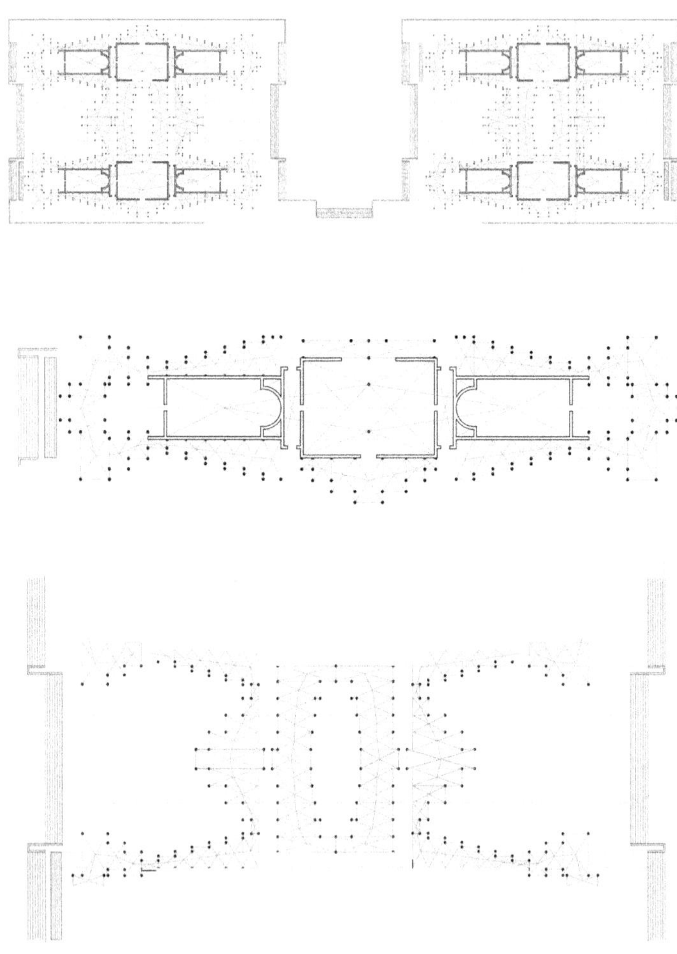

Redibujo y tridimensionalización de estructuras de crucerías variables. Atrios Promenade. SuperPrecís, Morfología, Cátedra Lencinas, Carrera de Arquitectura, Facultad de Arquitectura Diseño y Urbanismo, Universidad de Buenos Aires. Profesores Melisa Brieva y Santiago Miret. Estudiante Lucía Gelber. 2019.

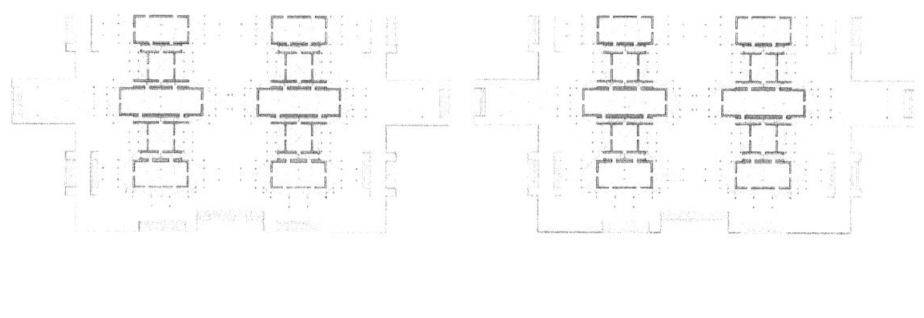

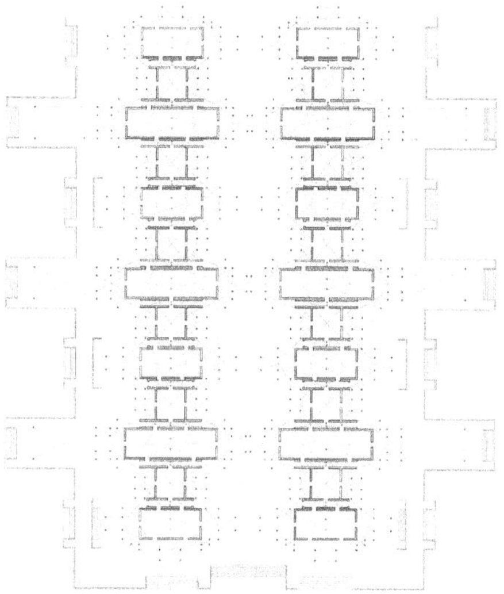

Planta preliminar con gradientes dimensionales de crucerías. Atrios Promenade. SuperPrecís, Morfología, Cátedra Lencinas, Carrera de Arquitectura, Facultad de Arquitectura Diseño y Urbanismo, Universidad de Buenos Aires. Profesores Melisa Brieva y Santiago Miret. Estudiante Lucía Gelber. 2019.

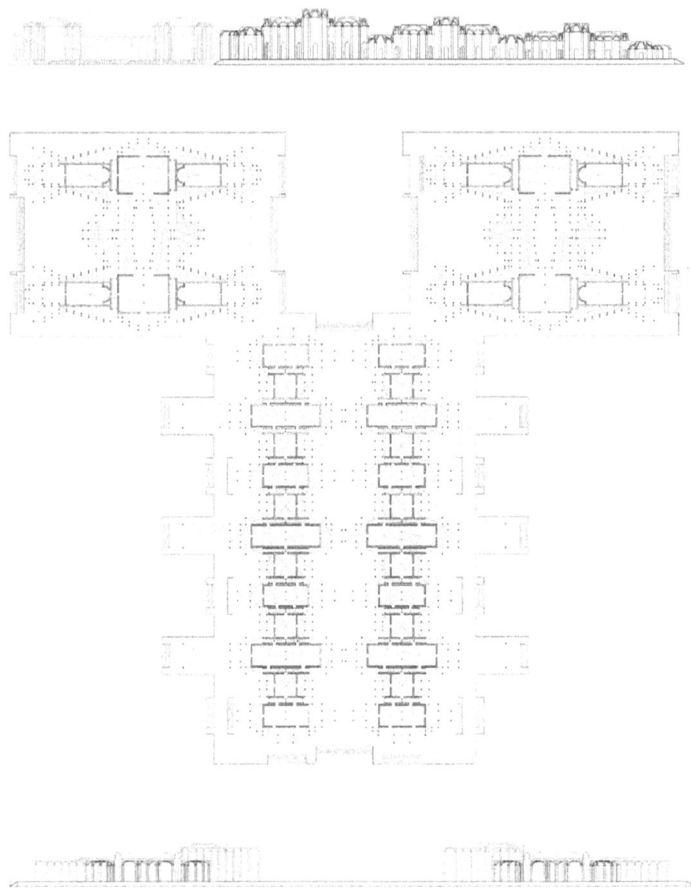

Planta general y cortes. Atrios Promenade. SuperPrecís, Morfología, Cátedra Lencinas, Carrera de Arquitectura, Facultad de Arquitectura Diseño y Urbanismo, Universidad de Buenos Aires. Profesores Melisa Brieva y Santiago Miret. Estudiante Lucía Gelber. 2019.

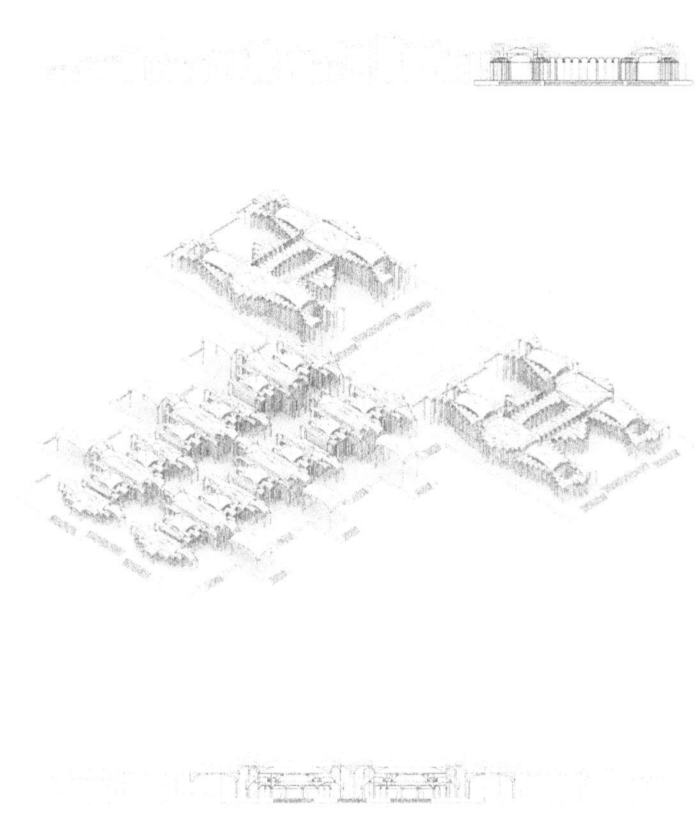

Axonometría general y vistas laterales. Atrios Promenade. SuperPrecís, Morfología, Cátedra Lencinas, Carrera de Arquitectura, Facultad de Arquitectura Diseño y Urbanismo, Universidad de Buenos Aires. Profesores Melisa Brieva y Santiago Miret. Estudiante Lucía Gelber. 2019.

Centralidad Inversa
Gastón López

Caso de estudio: Placa 15. Durand, J.N.L. (1819) *Précis des Lecons D'Architecture Données à L'Ecole Royale Polytechnique* 1805. París.

El proyecto postula la inversión de los criterios de jerarquía central respecto de las alturas de los espacios que la misma determina.
Un proyecto que en planta supone una postura organizativa lógicamente central, contrapone las alturas de sus recorridos axiales inversamente proporcionales respecto de la supuesta jerarquía del espacio central.

Simple en sus ideas, pero altamente complejo respecto de sus resoluciones formales, el edifico despliega una organización central, cuyos dos ejes en forma de cruz contenidos por una galería de cañón corrido perimetral, definen cuatro claustros cerrados. La aparente sencillez del proyecto se ve trastocada por la sutil diferenciación de tamaños entre el espacio axial de ambos ejes centrales y sus espacios laterales, los cuales, subordinados respecto de la modularidad del primero, escapan a la homogeneidad de sus medidas en el sentido contrario, propiciando una contradicción escalar entre X e Y, tanto en planta como en alzado.

Centralidad Inversa implica la revisión de los criterios de centralidad en Arquitectura, proponiendo un cambio radical en la aproximación a las ideas de escala que presentan los edificios históricamente considerados de planta central. La radical tergiversación del sentido que propone el proyecto en relación al vínculo entre espacialidad y matriz organizativa vuelve relativa una lectura parcial del objeto.
El proyecto demanda una visión tridimensional general para poder ser aprehendida su hipótesis desestructurante respecto de las ideas preconcebidas que dictan cómo un edificio de planta central debe construir sus espacialidades internas.

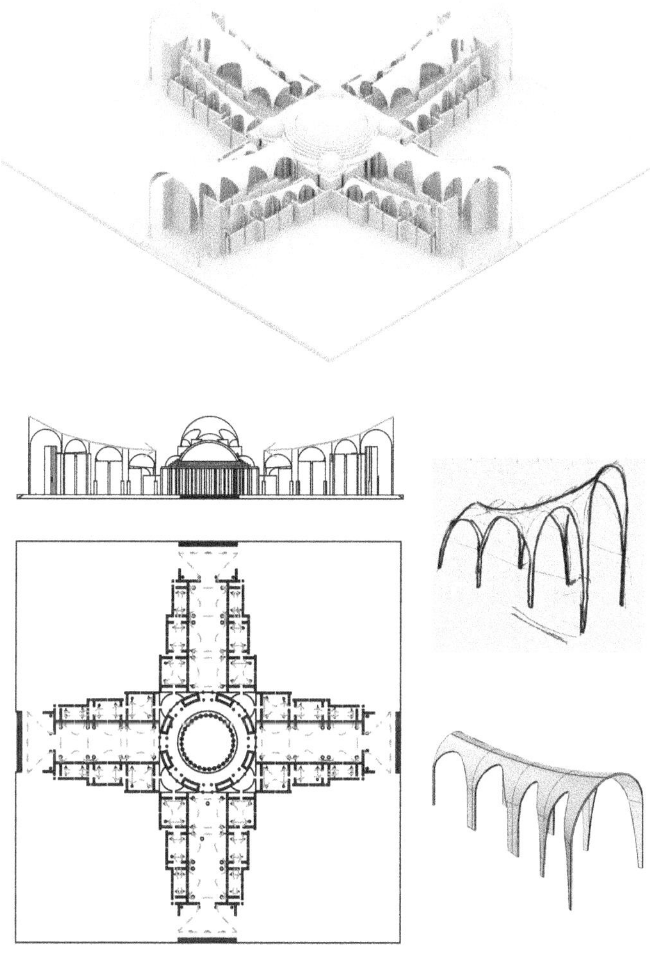

Redibujo y tridimensionalizaciones especulativas. Centralidad Inversa. SuperPrecís, Morfología, Cátedra Lencinas, Carrera de Arquitectura, Facultad de Arquitectura Diseño y Urbanismo, Universidad de Buenos Aires. Profesores Melisa Brieva y Santiago Miret. Estudiante Gastón López. 2019.

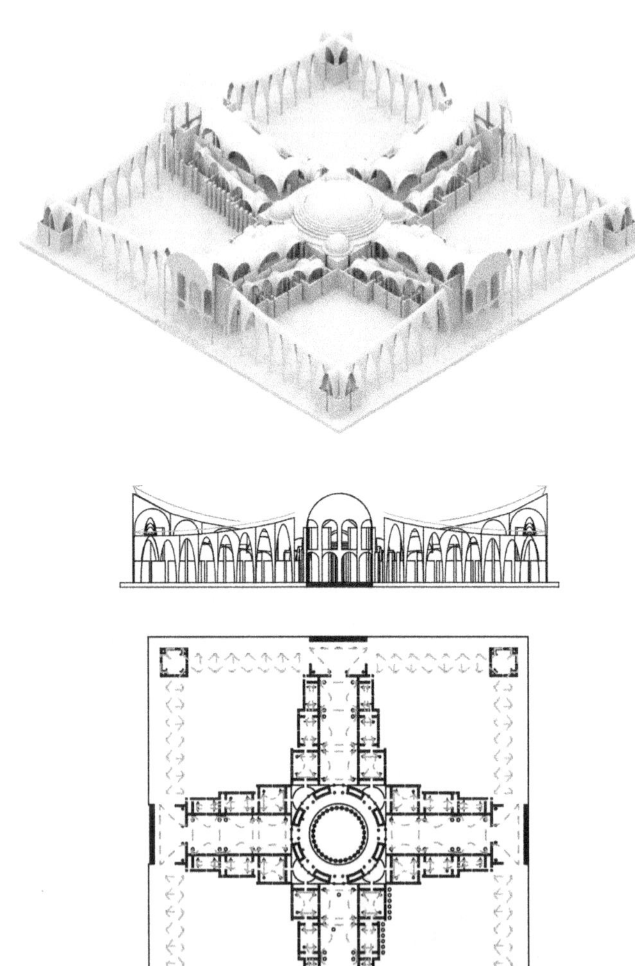

Redibujo y tridimensionalizaciones especulativas. Centralidad Inversa. SuperPrecís, Morfología, Cátedra Lencinas, Carrera de Arquitectura, Facultad de Arquitectura Diseño y Urbanismo, Universidad de Buenos Aires. Profesores Melisa Brieva y Santiago Miret. Estudiante Gastón López. 2019.

Tridimensionalizaciones con gradientes dimensionales progresivos. Centralidad Inversa. SuperPrecís, Morfología, Cátedra Lencinas, Carrera de Arquitectura, Facultad de Arquitectura Diseño y Urbanismo, Universidad de Buenos Aires. Profesores Melisa Brieva y Santiago Miret. Estudiante Gastón López. 2019.

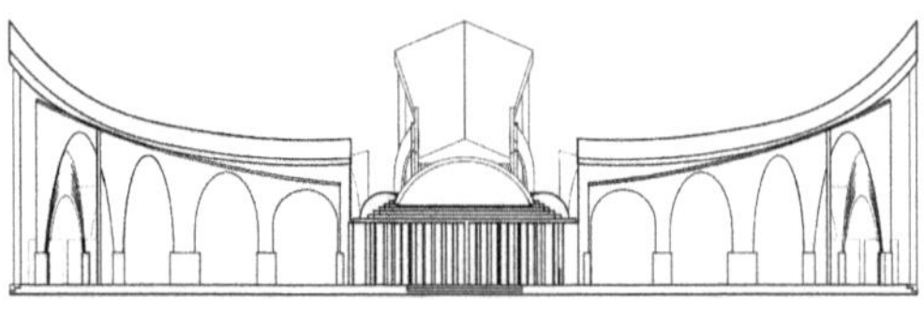

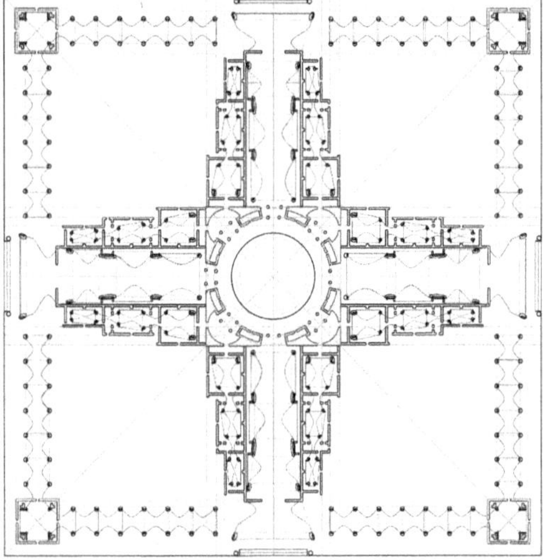

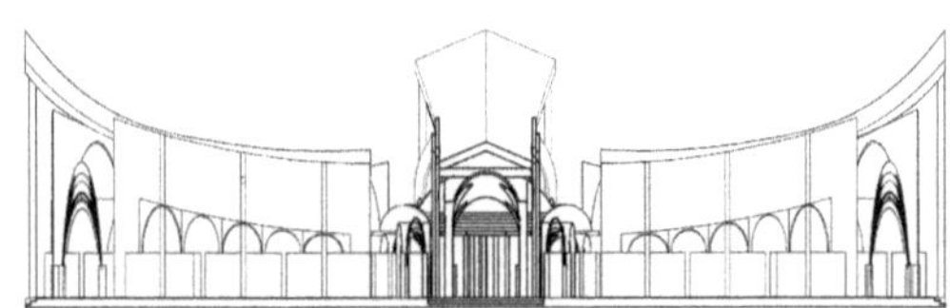

Planta general y cortes. Centralidad Inversa. SuperPrecís, Morfología, Cátedra Lencinas, Carrera de Arquitectura, Facultad de Arquitectura Diseño y Urbanismo, Universidad de Buenos Aires. Profesores Melisa Brieva y Santiago Miret. Estudiante Gastón López. 2019.

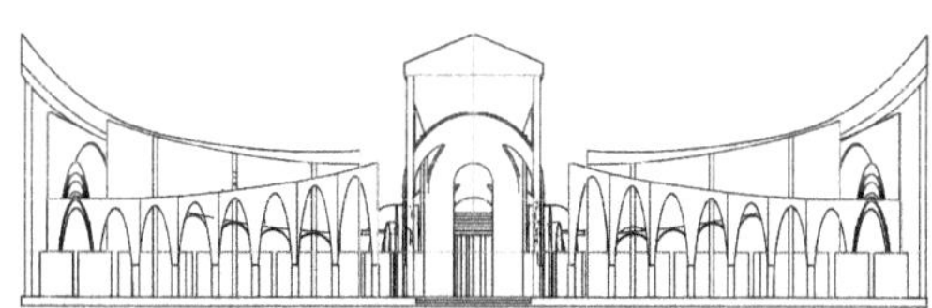

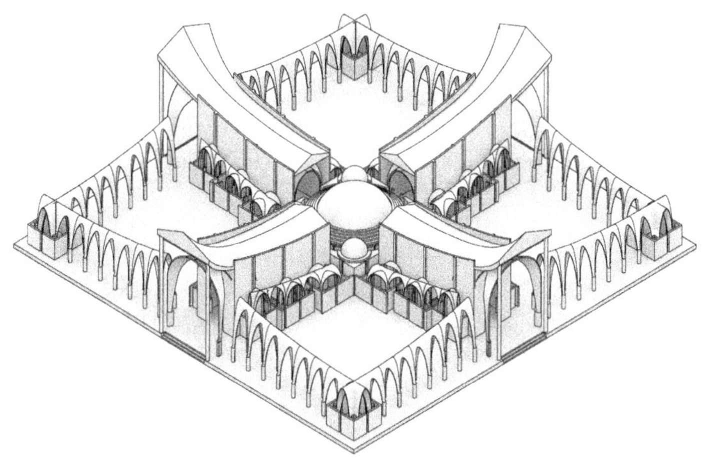

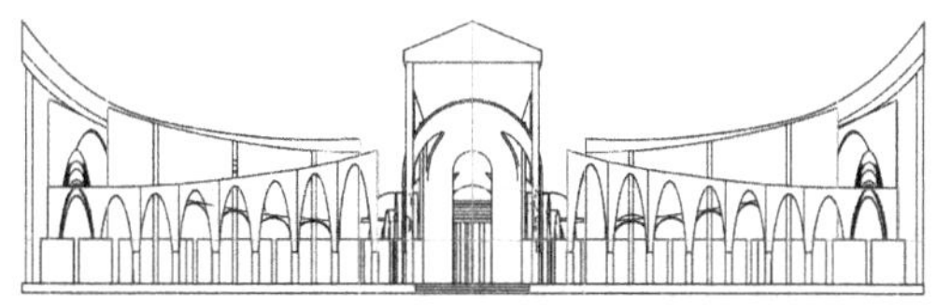

Axonometría general y vistas laterales. Centralidad Inversa. SuperPrecís, Morfología, Cátedra Lencinas, Carrera de Arquitectura, Facultad de Arquitectura Diseño y Urbanismo, Universidad de Buenos Aires. Profesores Melisa Brieva y Santiago Miret. Estudiante Gastón López. 2019.

Hypercentralidad
Valentina Ortega

Caso de estudio: Placa 27. Durand, J.N.L. (1819) *Précis des Lecons D'Architecture Données à L'Ecole Royale Polytechnique* 1805. París.

El proyecto aparece como la puesta en valor de la necesidad de jerarquización de la centralidad en arquitectura. Un gran espacio central es atravesado por ejes cada 45 grados, todos ellos construidos a partir de pequeñas centralidades encadenadas, cúpulas alineadas detrás de cúpulas, cuyo tamaño sutilmente diferenciado, enuncia un elaborado discurso con espíritu teatral de la idea de centralidad.

Todo es central. Incluso los ejes se construyen a partir de centralidades sucesivas. Y el elemento seleccionado para este fin, no podría ser otro que la cúpula. A partir de una acción extremadamente simple: la repetición axial; y por medio de la implementación de un solo elemento arquitectónico: la cúpula, el edificio materializa un gran claustro, el cual contiene un espacio central de dimensiones que empatizan con el gigantismo. Una mega-cúpula central construida por la convergencia de nueve cúpulas son sostenidas por cuatro muros portantes, de los cuales dos se desmaterializan en hileras de columnas, conformando galerías perimetrales. A su vez, cuatro ejes de bóvedas en progresiva disminución de tamaño contienen los inmensos empujes horizontales de la cúpula de cúpulas central.

Hypercentralidad no reniega del proyecto de la centralidad, lo celebra. Al punto en que todo es centralidad o, dicho en otras palabras, sólo hace falta la centralidad y los elementos de la arquitectura que la materializan, para llevar adelante un proyecto. La centralidad es necesariedad suficiente para la construcción de proyecto en Arquitectura.

Variaciones progresivas de estructuras de domos centralizadas. Hypercentralidad. SuperPrecís, Morfología, Cátedra Lencinas, Carrera de Arquitectura, Facultad de Arquitectura Diseño y Urbanismo, Universidad de Buenos Aires. Profesores Melisa Brieva y Santiago Miret. Estudiante Valentina Ortega. 2019.

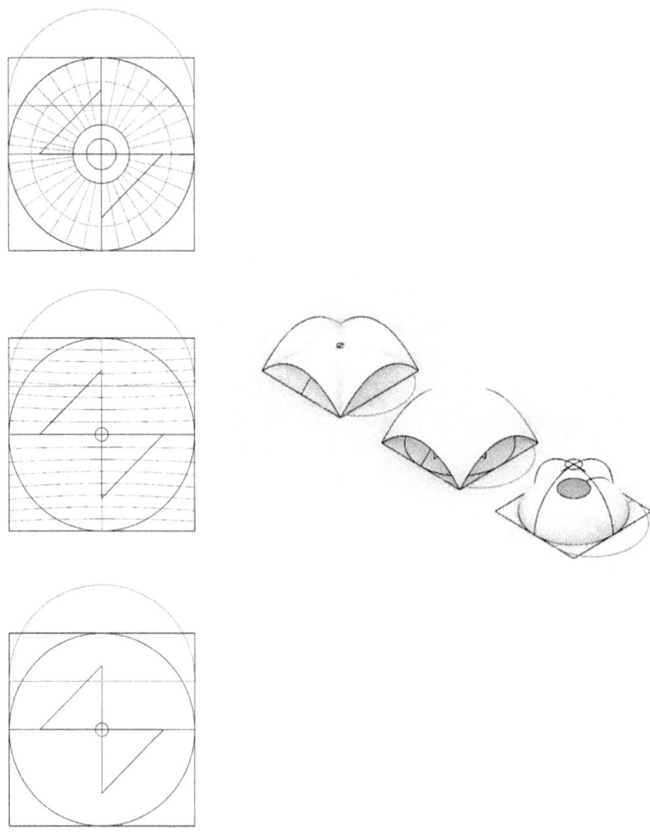

Estudio geométrico de las estructuras matriciales de las bóvedas. Hypercentralidad. SuperPrecís, Morfología, Cátedra Lencinas, Carrera de Arquitectura, Facultad de Arquitectura Diseño y Urbanismo, Universidad de Buenos Aires. Profesores Melisa Brieva y Santiago Miret. Estudiante Valentina Ortega. 2019.

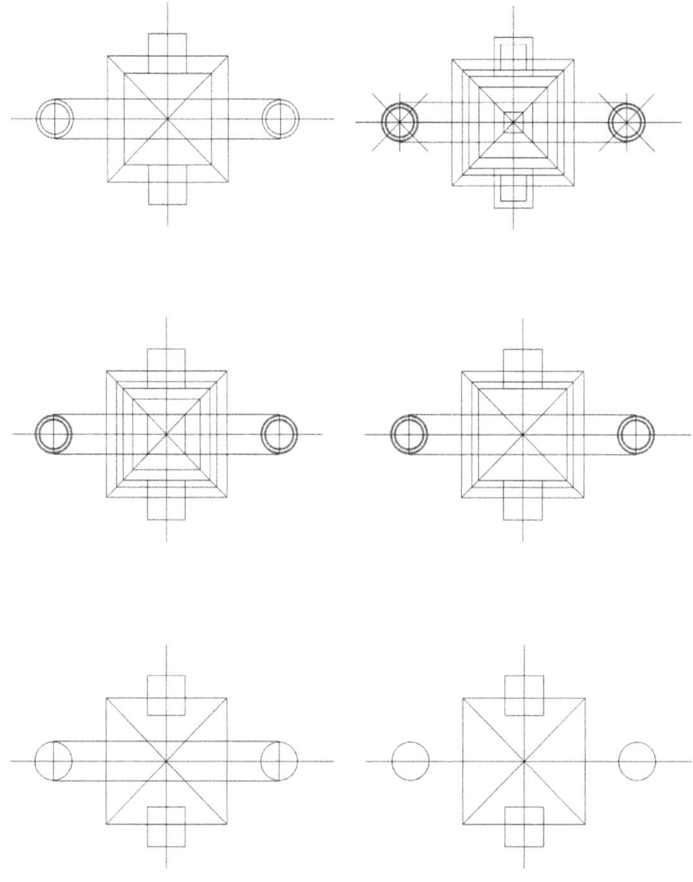

Estudio de la estructura general de la planta. Hypercentralidad. SuperPrecís, Morfología, Cátedra Lencinas, Carrera de Arquitectura, Facultad de Arquitectura Diseño y Urbanismo, Universidad de Buenos Aires. Profesores Melisa Brieva y Santiago Miret. Estudiante Valentina Ortega. 2019.

Planta general. Hypercentralidad. SuperPrecís, Morfología, Cátedra Lencinas, Carrera de Arquitectura, Facultad de Arquitectura Diseño y Urbanismo, Universidad de Buenos Aires. Profesores Melisa Brieva y Santiago Miret. Estudiante Valentina Ortega. 2019.

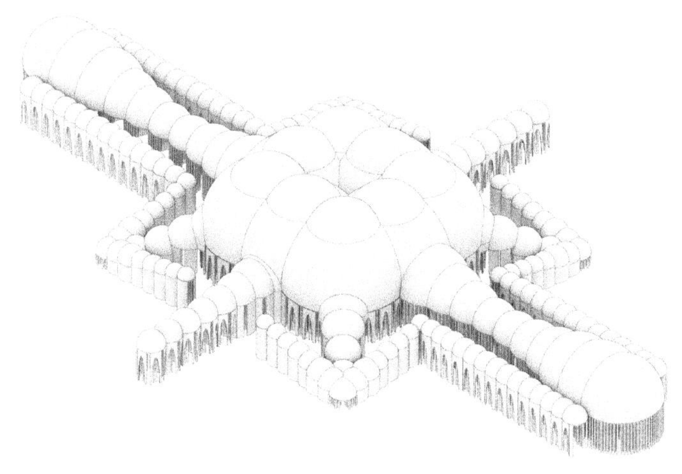

Axonometría general. Hypercentralidad. SuperPrecís, Morfología, Cátedra Lencinas, Carrera de Arquitectura, Facultad de Arquitectura Diseño y Urbanismo, Universidad de Buenos Aires. Profesores Melisa Brieva y Santiago Miret. Estudiante Valentina Ortega. 2019.

Superproyectos

De lo expuesto, podemos inferir que los proyectos emergentes del Supermodelo del *Precís* que resultan más exitosos, son aquellos que más llana y constructivamente despliegan un discurso respecto de los elementos de la arquitectura. Cúpulas, bóvedas y columnas parecen suficientes para que, por medio de su proliferación diferenciada y en función de una matriz organizativa clara se dé lugar a la invención tipológico-formal de elementos, organizaciones y tectónicas disciplinares.

Estos proyectos, más allá de exponer una modalidad singular de organización material, están allí para ser instrumentos del aprendizaje proyectivo. Cada uno de ellos, al exponer su singularidad, presentan un modo de asir el proyecto de Durand como un modo de apropiación disciplinar. Portan la ética del linaje, la explicitan, quieren aprender y enseñar con ella. Son discípulos obedientes al tiempo que transgresores radicales. Estudian la normativa y a la vez la desafían exponiendo sus virtudes, así como sus debilidades. Los Superproyectos no se regodean en su singularidad, sino que la persiguen para aspirar a que la misma se inserte en el linaje disciplinar del cual emerge de la manera más orgánica posible. No ambicionan la diferencia por la diferencia en sí, sino la diferencia respecto de un supermodelo al que, son conscientes, deben su propia existencia.

Los supermodelos no están allí para ser canonizados y vanagloriados por el sólo hecho de ser proyectos complejos, sino que, además, resultan en materia prima para la experimentación y creación de nuevas aproximaciones a viejos problemas. Temas como la centralidad, la axialidad, el modo de sostén de grandes luces, los recorridos, las columnatas y el entrecruzamiento de direcciones son sólo algunos de los problemas con los que la disciplina ha sabido y sabe enfrentarse desde siempre.

Ya sea ante el problema de elevar la cúpula más grande que el mundo occidental haya elevado jamás[9] o en la búsqueda de una síntesis geométrica perfecta para la organización de *Villas* y *Maisons*[10], o ante la dificultad de dar respuesta a las exigencias de un mundo complejo por medio de la implementación arquitectónica de geometrías y formas de organización complejas, los supermodelos de la historia estarán allí para echar luz en las necesidades de una disciplina que, aunque parezca redundante decirlo, es más inabarcable de lo que creemos.

[9] Como lo fue el Domo de Florencia proyectado y construido por Filippo Brunelleschi.

[10] Varios ensayos y proyectos se han desarrollado sobre este tema centrados en el problema de la grilla de nueve cuadros. Ejemplo pradigmático de los primeros es el artículo de Colin Rowe "The Mathematics of the Ideal Villa" o el capítulo sobre Andrea Palladio de Rudolf Wittkower en su libro *Architectural Principles in the Age of Humanism*; mientras que el ejemplo de experimentaciones proyectuales más concreto respecto de este tema pueden ser las mismas Villas que Palladio proyectaría para la zona del Véneto en la Italia del Renacimiento o la serie de Houses que Peter Eisenman desarrollara entre 1969 y 1988.

Bibliografía

Alberti, L.B. (1988). *Ten Books*, Book 1. Masachussetts: MIT.

Argán, C. G. (1966). *El concepto del espacio arquitectónico: La tipología arquitectónica*. Buenos Aires: Editorial Nueva visión.

Argán, G. C. (1984). Tipología. *Summarios* (79).

De Quincy, Q. (2007). *Quatremere De Quincy, Diccionario de arquitectura: voces teóricas*. Buenos Aires: Editorial Nobuko.

Durand, J.N.L. (1819) *Précis des Lecons D´Architecture Données à L´Ecole Royale Polytechnique 1805*. París.

Eisenman, P. (2008). *Diez edificios canónicos*. Barcelona: Gustavo Gili.

Gutiérrez, R. (2014) Lo que los profesores de ciencia conocen y necesitan conocer acerca de los modelos: aproximaciones y alternativas. *Bio-grafía*, 7(13). pags 37-66

Ibáñez, M. (2015) Organization or Design *A+T Solid Harvard Symposia on Architecture Series.*

Moneo, R. (1984). De la Tipología. *Summarios* (79).

Picón, A. (2010). *Digital Culture in Architecture: An Introduction for the Design Professions*. Basel: Birkhäuser.

Semper, G. (1851). *The Four Elements of Architecture and Other Writings*. UK: Cambridge Press.

Summerson, J. (1974). *El lenguaje clásico de la arquitectura*. Barcelona: Gustavo Gili.

Teyssot, G. (2007) Mímesis. en De Quincy, Q. (2007). *Quatremere De Quincy, Diccionario de arquitectura: voces teóricas*. Buenos Aires: Editorial Nobuko.

Venturi, R. (1977). *Complejidad y contradicción en la arquitectura*. Barcelona: Gustavo Gili.

Wittkower, R. (1973). *Architectural Principles in the Age of Humanism*. UK: Academy editions.

SuperMarzio

En 1762 Giovanni Battista Piranesi desarrolló un dibujo de una Roma imaginaria y antigua. No obstante esta ciudad, tal y como la imaginó y representó Piranesi, nunca existió. El grado de definición y vínculo con el paisaje real de la ciudad de Roma presenta la posibilidad imaginativa de creer que fue real. Una Roma que integra ruinas, con partes de edificios reales, y construcciones completamente nuevas que, no obstante, mantienen un estilo romano concreto.

Es posible que el Campo Marzio de Piranesi iniciara como una manera de justificar sus grabados de ruinas majestuosas que cautivaban a los visitantes de la Roma de mediados del 1700, pero posteriormente, es una obra que puede definirse como un superproyecto en sí misma. Esto es, un proyecto que contiene, a su vez y en estado de latencia, infinidad de proyectos. Acompañada de una verosimilitud inherente al exhaustivo conocimiento por parte de Piranesi de las tipologías clásicas la inventiva exuberante de las edificaciones allí desplegadas dan fe de una Roma gloriosa e infinita.

Como un ensamblaje múltiple, las plantas de grandes edificios públicos encastran con orientaciones diversas y espacios intermedios poblados de patrones que hacen a la continuidad del tejido. Se trata de series de tipologías edilicias entrelazadas que se conectan a veces por las mismas vibraciones de sus muros y columnatas, otras por la generación espontánea de peristilos y pasillos, o lomas y accidentes geográficos inesperados. Ese vínculo organizativo entre las piezas tipológicas del paisaje es un hallazgo intelectual absolutamente novedoso para la historia de la

Giovanni Battista Piranesi. Campo Marzio. 1762.

Arquitectura. Por primera vez, nociones de campo modernas son desplegadas de manera literal, haciendo uso del linaje disciplinar tipológico de la disciplina.

Todo en Campo Marzio referencia a elementos, formas y organizaciones arquitectónicas. Los recursos empleados para la vinculación paisajística de la ciudad a veces aparecen sutiles, de modo que no podemos definir con claridad dónde termina una tipología y empieza otra. Pero en otras ocasiones, es claramente identificable el principio y el fin de un edificio en particular. Todos los edificios parecen construir su propio sistema de aproximación o paisaje circundante a partir de la proliferación de sus organizaciones intrínsecas. Pocas veces las tipologías aparecen independientes de su contexto autodefinido, y operan como sistemas abiertos de vínculo con sus vecindades.

La basílica parece ser una de las tipologías más experimentales y transfiguradas del conjunto. A veces emergen claramente, con jardines acolumnados que resaltan su organización fundamental; pero otras veces se funden en ejes urbanos más grandes, en busca de la construcción de direccionalidades oblicuas, tangentes y divergentes. La tipología del mercado semicircular aparece también de maneras múltiples, sin ser clara su función programática, y desplegando yuxtaposiciones de columnas, pasillos y murallas de maneras inesperadas.

En síntesis, Campo Marzio no sólo es valioso por su despliegue múltiple de tipologías existentes o transmutadas, sino también por el modo en el que éstas se vinculan y conectan, generando espacio negativo indefinido, campos discontinuos cuya variabilidad y margen gradiente se vuelve difuso en algunas ocasiones y muy claro y específico en otras. Campo Marzio es posiblemente de las primeras aproximaciones a las nociones de campo múltiple modernas que nos permite visualizar y estudiar el valor del tipo arquitectónico, la flexibilidad de sus modelos y la habilidad de éstos de variar y transformarse en función de un todo sin perder sin embargo, sus capacidades tipológicas autónomas.

SuperMarzio propone la construcción del supermodelo del Campo Marzio de Giovanni Battista Piranesi, y de este modo, engendrar series de modelos proyectivos, variables y proliferantes emergentes del estudio sistemático y matricial de las organizaciones arquitectónicas embebidas en el caso de estudio original. Campo Marzio, la obra máxima de Piranesi, integra recuerdos, registros arqueológicos y, lo más importante, una inventiva absolutamente revolucionaria. Se trata de una Roma que nunca existió, en sentido literal, pero que ocupa el imaginario universal de una época de esplendor inaudito y avasallante. El Campo Marzio de Piranesi es tan real como la Roma clásica, pero más emotiva, imaginativa y gloriosa. De este modo Piranesi nos enseña el poder del proyecto de Arquitectura, capaz de imaginar edificaciones, ciudades, civilizaciones, culturas, mundos, y volverlos decididamente reales.

SuperMarzio se aboca a la tarea de construcción de modelos computacionales variables utilizando herramientas de modelado y código simples (Rhinoceros + Grasshopper), con el objeto de explorar la gran cantidad de posibilidades proyectivas del Campo Marzio como germen arquitectónico original. Se trata de revisitar la obra más impresionante de Piranesi desde una mirada computacional haciendo foco en sus capacidades inventivas las cuales son aparentemente inagotables a la vez que concretas.

Metodología

Se propone una metodología centrada en el estudio de casos, específicamente respecto de los que aparecen en la placa del Campo Marzio de Giambattista Piranesi. La particularidad de este método es que la información sobre los casos de estudio es parcial, ya que sólo se cuenta con plantas y algunos grabados perspectívicos. Esto implica el esfuerzo creativo de construir ideas respecto de la organización de los casos basándose en el material existente. Es así, que los casos de estudio no pueden limitarse a un sólo modelo o un sólo tipo de información, sino que cada uno es referenciado como una multiplicidad que construye ensamblajes múltiples.

Para la experimentación respecto de la idea abstracta de supermodelo, se propone una metodología estructurada en tres partes, de manera de, primero generar una base de trabajo rigurosa, sobre la que luego se ensayen sistemas de modelos complejos.

1. Modelos
Replanteo de edificios significativos

La primera etapa de la investigación propone la realización de redibujos y construcciones matriciales de las placas originales del Campo Marzio de Piranesi. Éstos son construidos con el mayor rigor posible, con el objeto de definir geométricamente aquellos sistemas arquitectónicos que pueblan el dibujo. De este modo se determinan modelos de organizaciones específicas. Haciendo hincapie en la definición tipológica, apuntando a poder aislar edificaciones por medio de la determinación de los alcances de cada modelo específico.

Para esta tarea se despliegan estructuras matriciales subyacentes que determinan ejes y celdas regulares. Se procura dibujar matrices que aseguren cierto grado de unidad con el fin de consolidar modelos compactos que aglomeren la totalidad de los elementos arquitectónicos representados en el dibujo original del caso de estudio.

Estos modelos tipológicos son catalogados según su tamaño y desplegados a modo de muestras comparativas que permiten tener una visión disgregada y parcial de la totalidad del Campo Marzio.

Modelo del Campo Marzio por Melisa Brieva y Santiago Miret, 2020.

Modelos del Campo Marzio por Melisa Brieva y Santiago Miret, 2020.

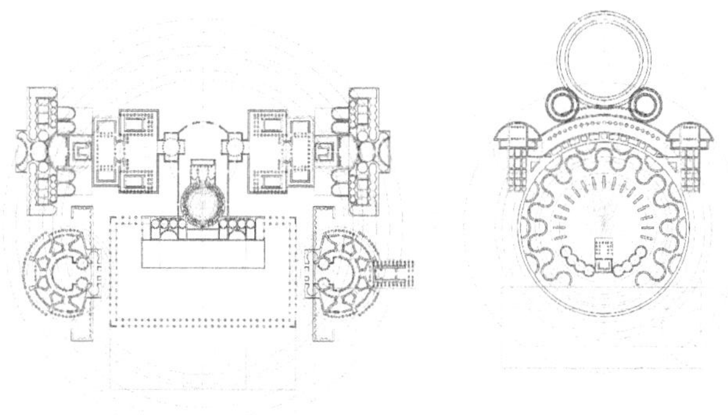

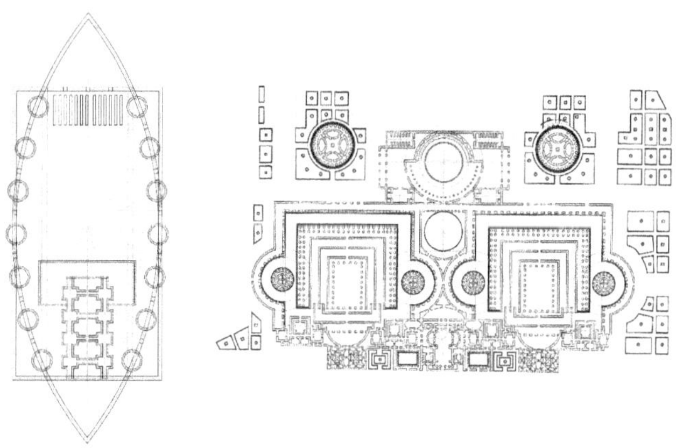

Modelos del Campo Marzio por Melisa Brieva y Santiago Miret, 2020.

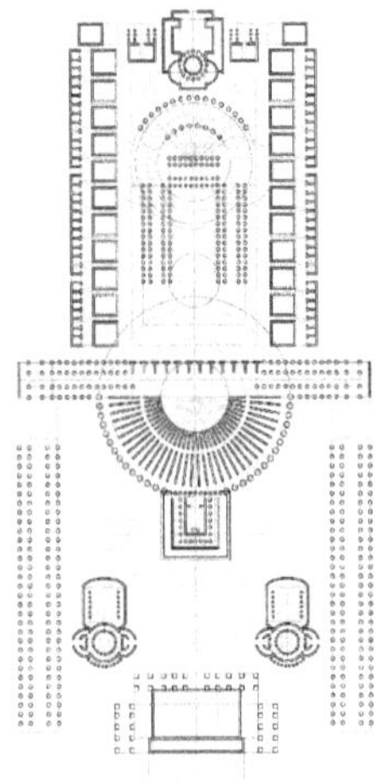
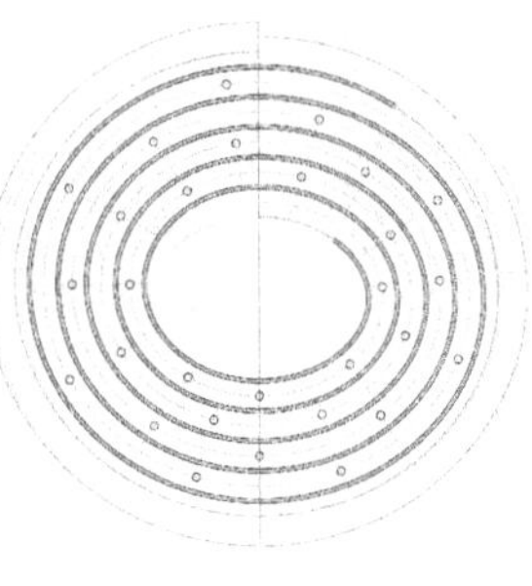
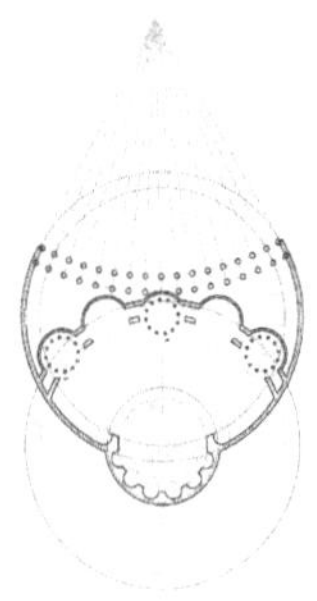
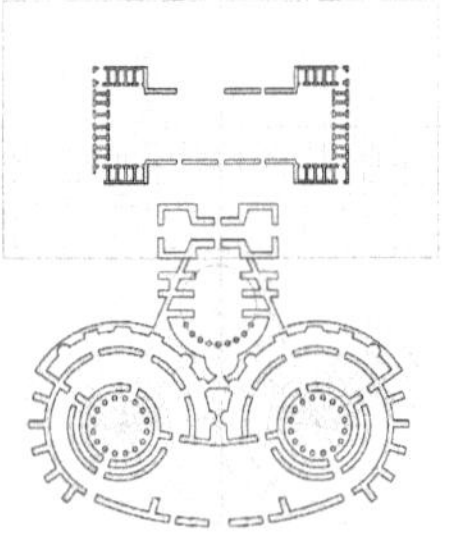

Modelos del Campo Marzio por Melisa Brieva y Santiago Miret, 2020.

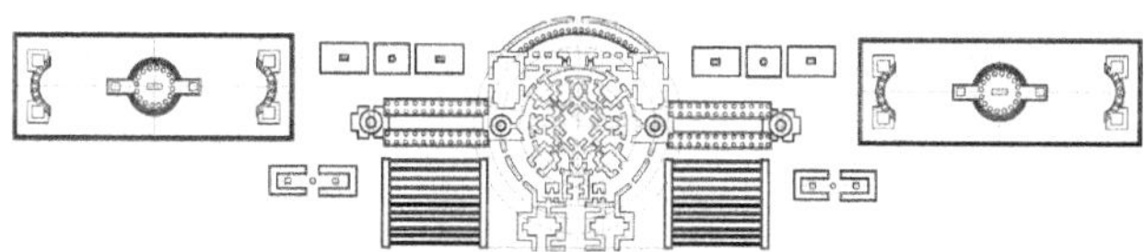

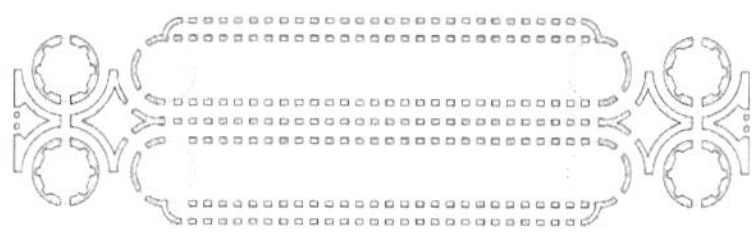

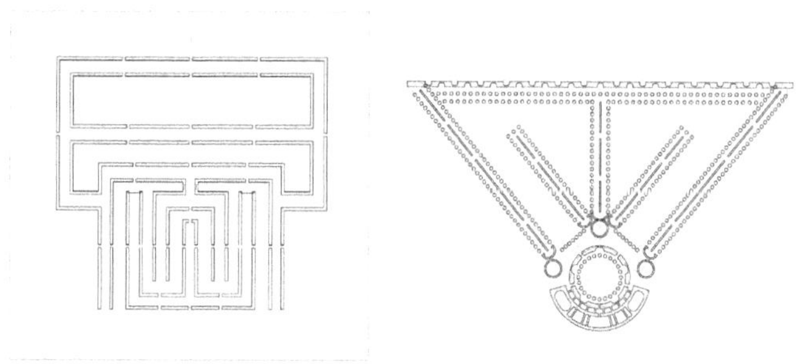

Modelos del Campo Marzio por Melisa Brieva y Santiago Miret, 2020.

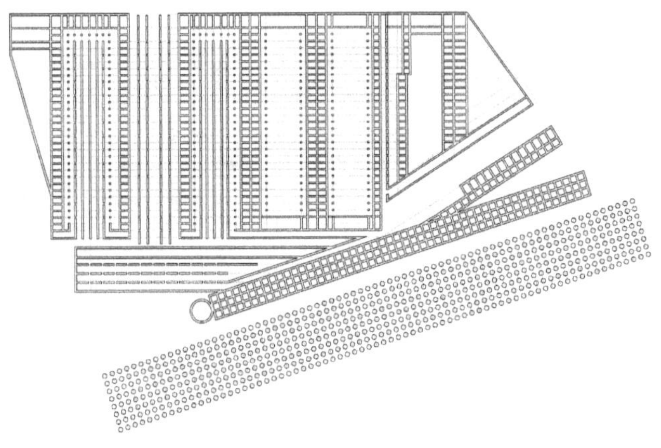

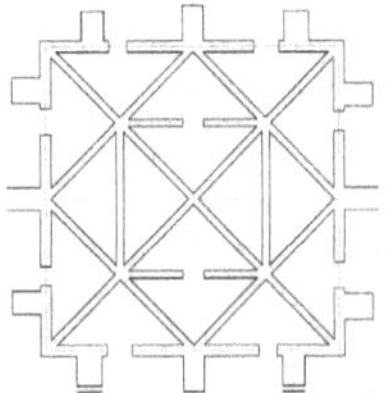

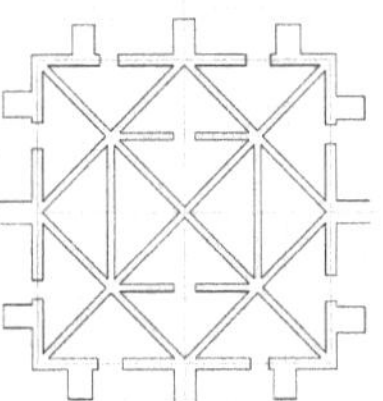

Modelos del Campo Marzio por Melisa Brieva y Santiago Miret, 2020.

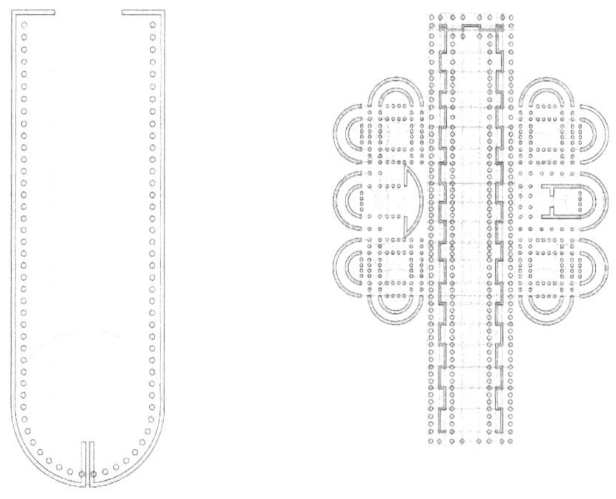

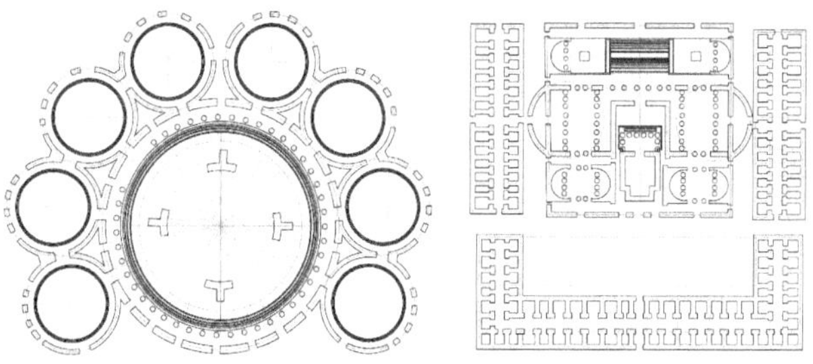

Modelos del Campo Marzio por Melisa Brieva y Santiago Miret, 2020.

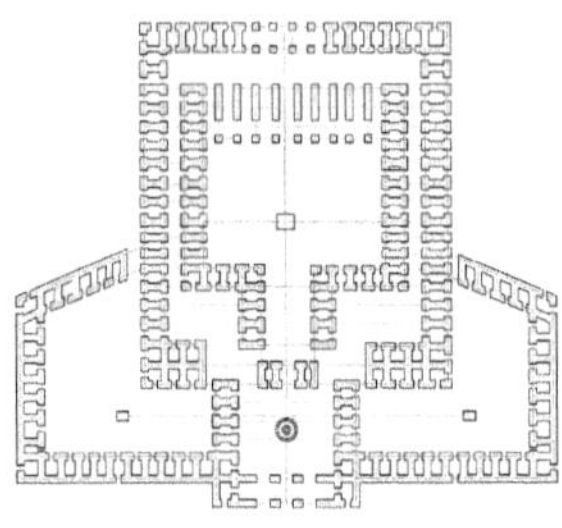

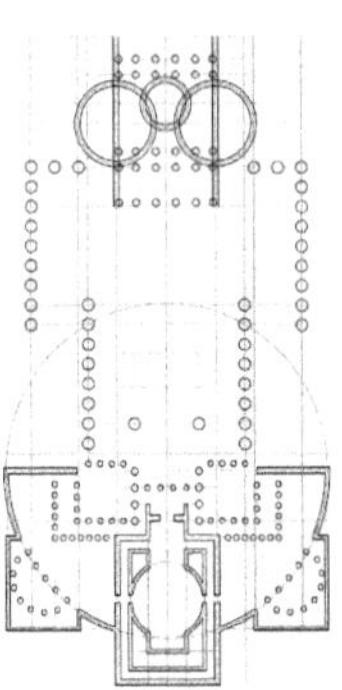

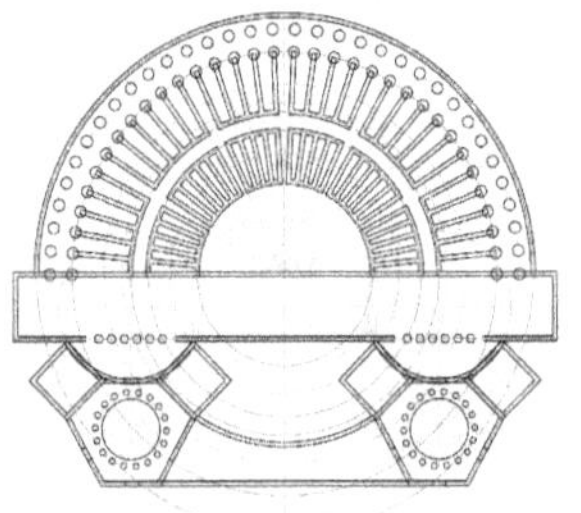

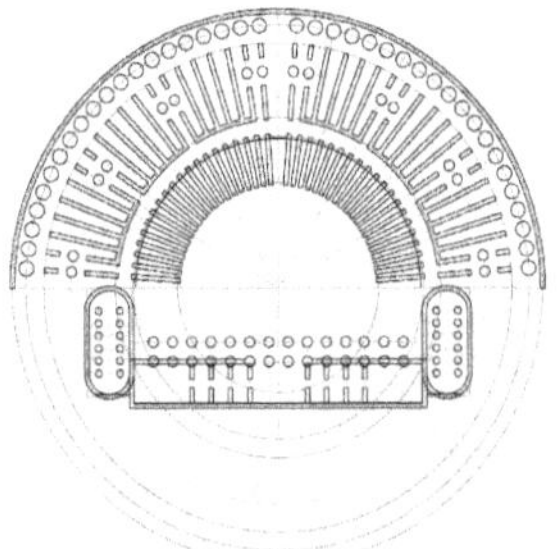

Modelos del Campo Marzio por Melisa Brieva y Santiago Miret, 2020.

Modelos del Campo Marzio por Melisa Brieva y Santiago Miret, 2020.

2. Proliferaciones
Ensamblajes preliminares

La segunda etapa implica unos primeros ensayos sistemáticos de variación y especulación respecto de cómo estos sistemas complejos son capaces de ensamblarse en nuevas configuraciones variables.

Se proponen estructuras organizativas de proliferación y variación con el objeto de testear la capacidad adaptativa y transformable de las organizaciones modeladas. De este modo, se evalúan los alcances de las organizaciones y sus tendencias. En algunos casos las mismas tendrán relación con la yuxtaposición y superposición de formas arquitectónicas, en otros, se buscarán organizaciones que pivotan respecto de un centro, y en otros, se apuntará a organizaciones de proliferación central-radiales, en busca de alternativas de centralidad y expansión periféricas.

En todos los casos, estas variaciones representan aproximaciones a la variabilidad embebida en las organizaciones originales del Campo Marzio y sus posible alcances de proliferación.

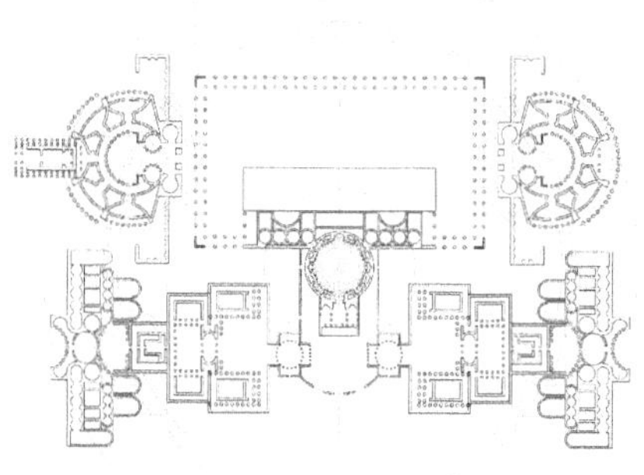

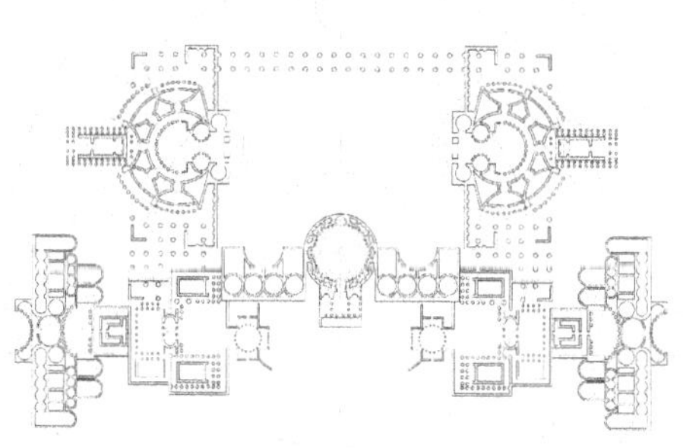

Modelos del Campo Marzio por Melisa Brieva y Santiago Miret, 2020.

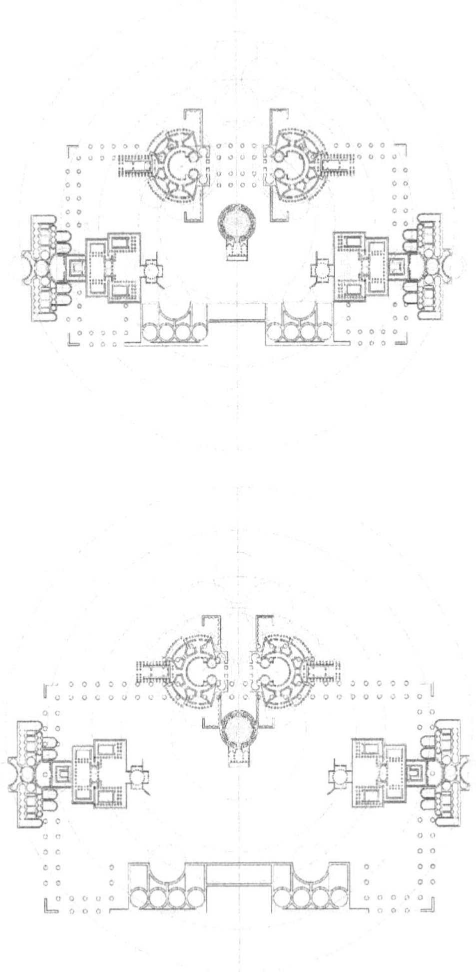

Modelos del Campo Marzio por Melisa Brieva y Santiago Miret, 2020.

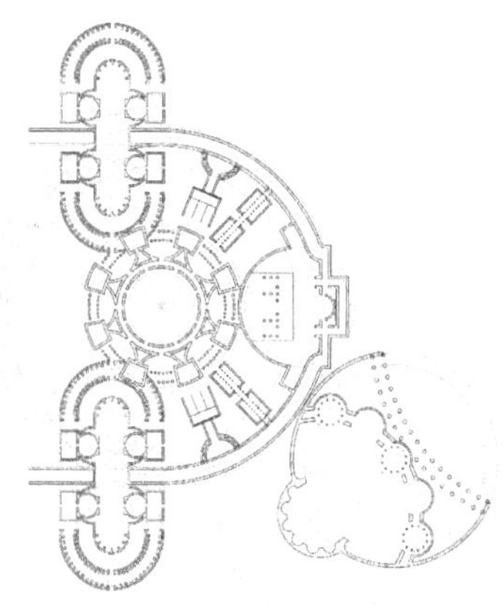

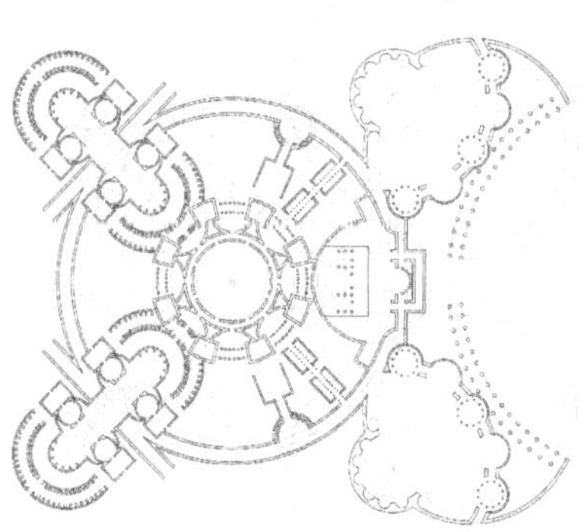

Modelos del Campo Marzio por Melisa Brieva y Santiago Miret, 2020.

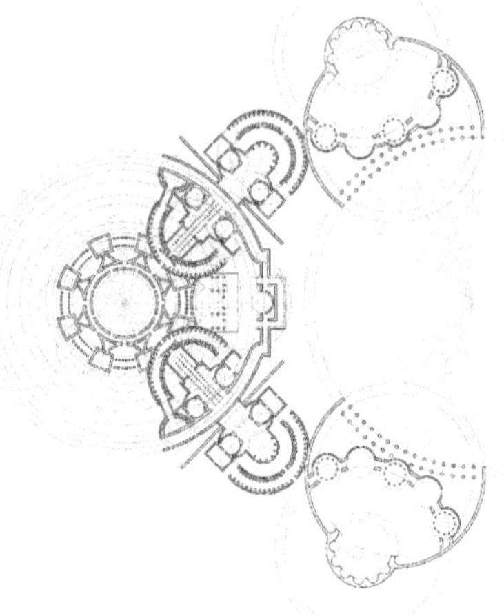

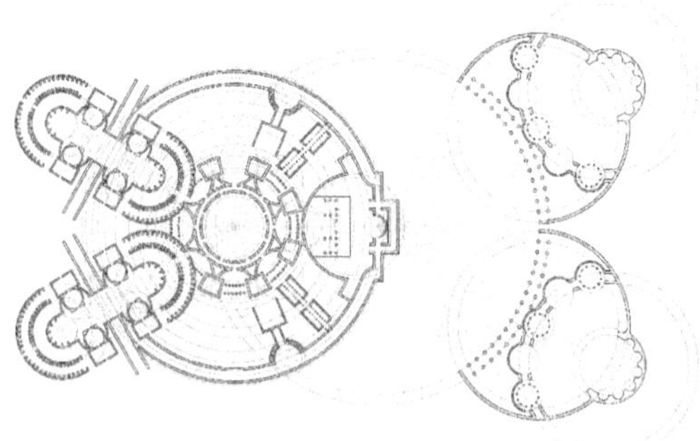

Modelos del Campo Marzio por Melisa Brieva y Santiago Miret, 2020.

Modelos del Campo Marzio por Melisa Brieva y Santiago Miret, 2020.

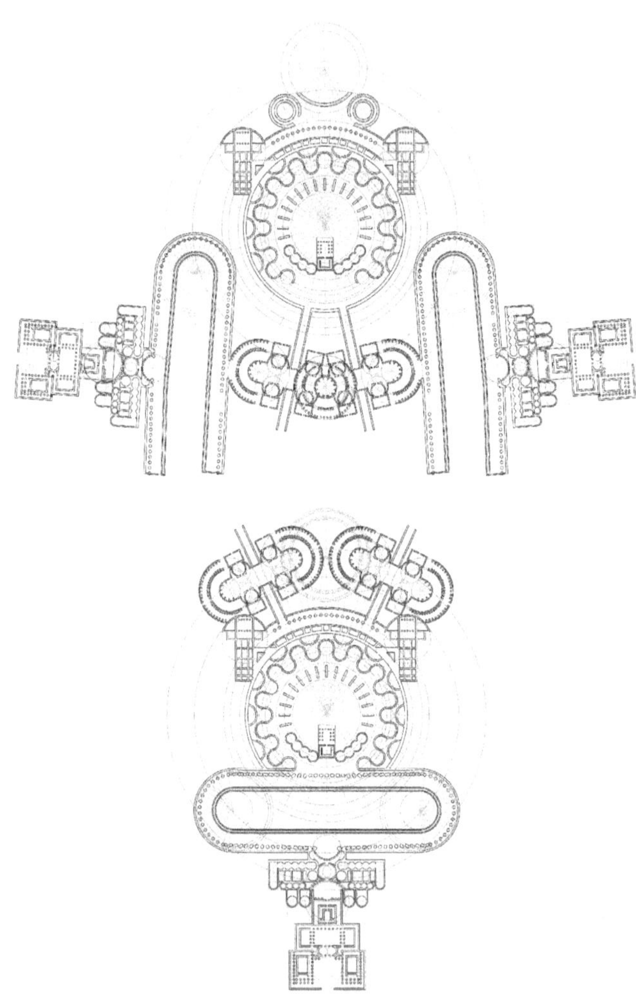

Modelos del Campo Marzio por Melisa Brieva y Santiago Miret, 2020.

Modelos del Campo Marzio por Melisa Brieva y Santiago Miret, 2020.

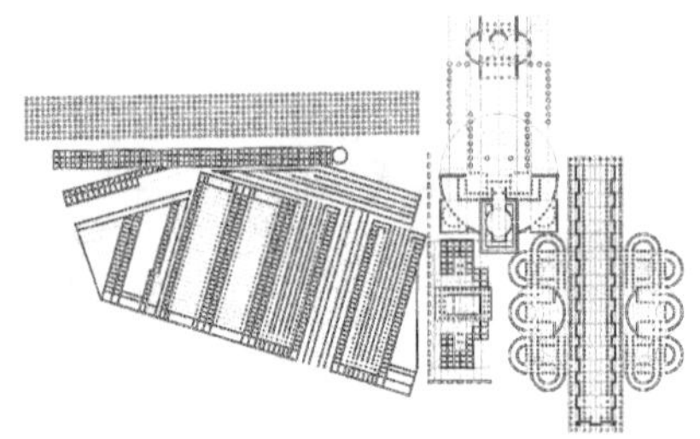

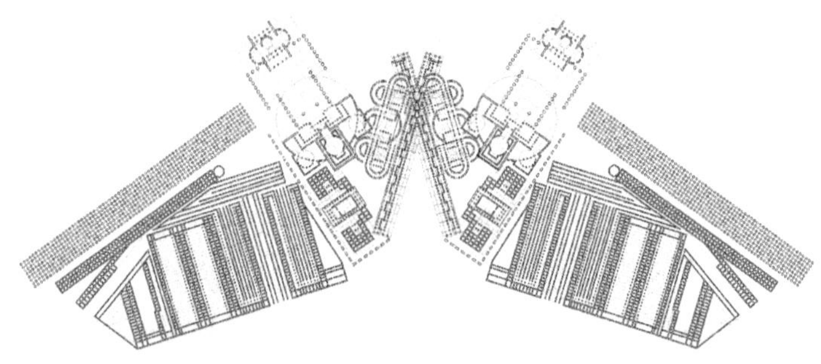

Modelos del Campo Marzio por Melisa Brieva y Santiago Miret, 2020.

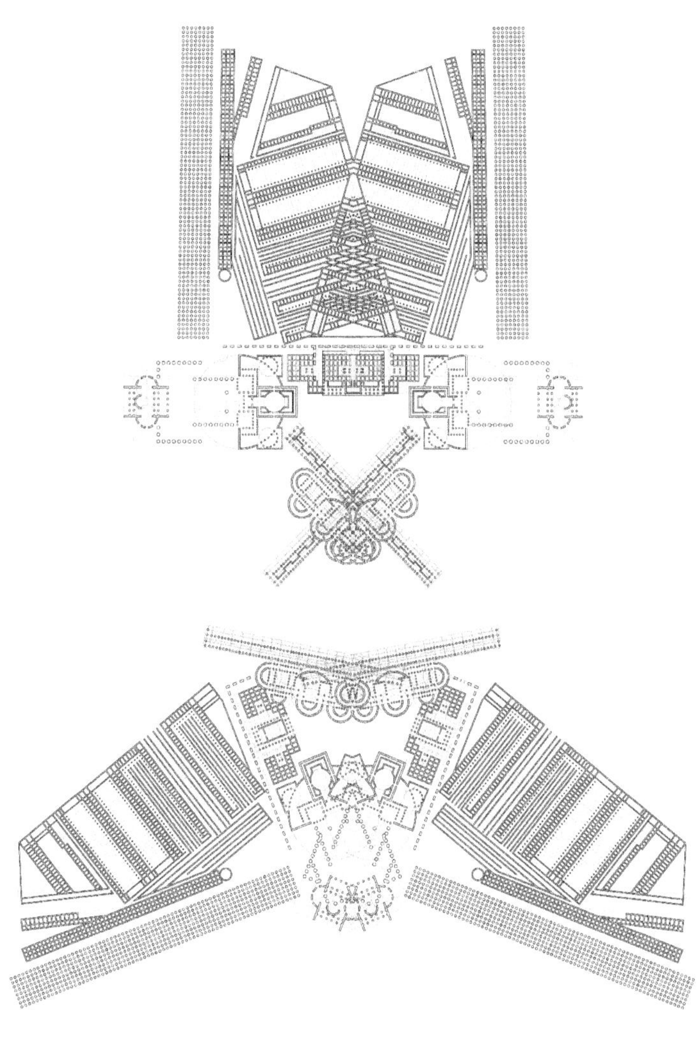

Modelos del Campo Marzio por Melisa Brieva y Santiago Miret, 2020.

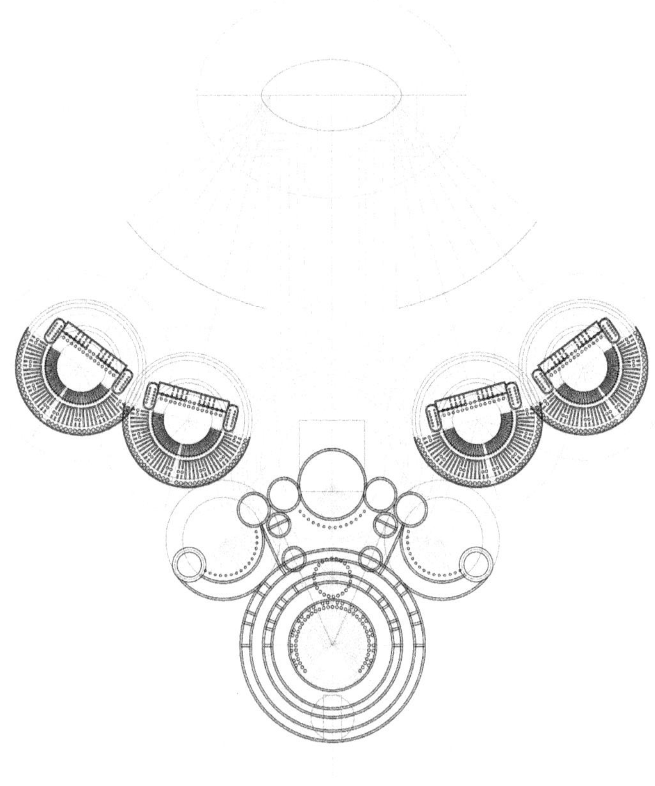

Modelos del Campo Marzio por Melisa Brieva y Santiago Miret, 2020.

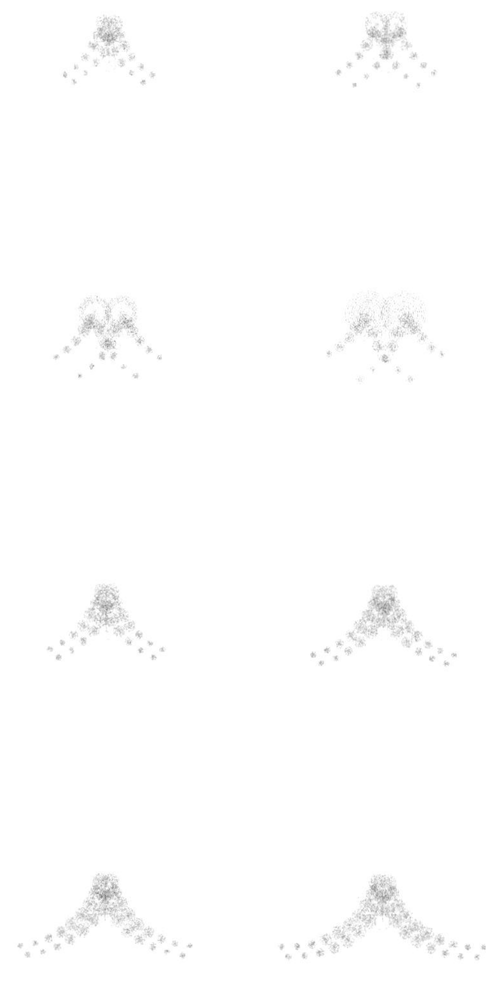

Modelos del Campo Marzio por Melisa Brieva y Santiago Miret, 2020.

Modelos del Campo Marzio por Melisa Brieva y Santiago Miret, 2020.

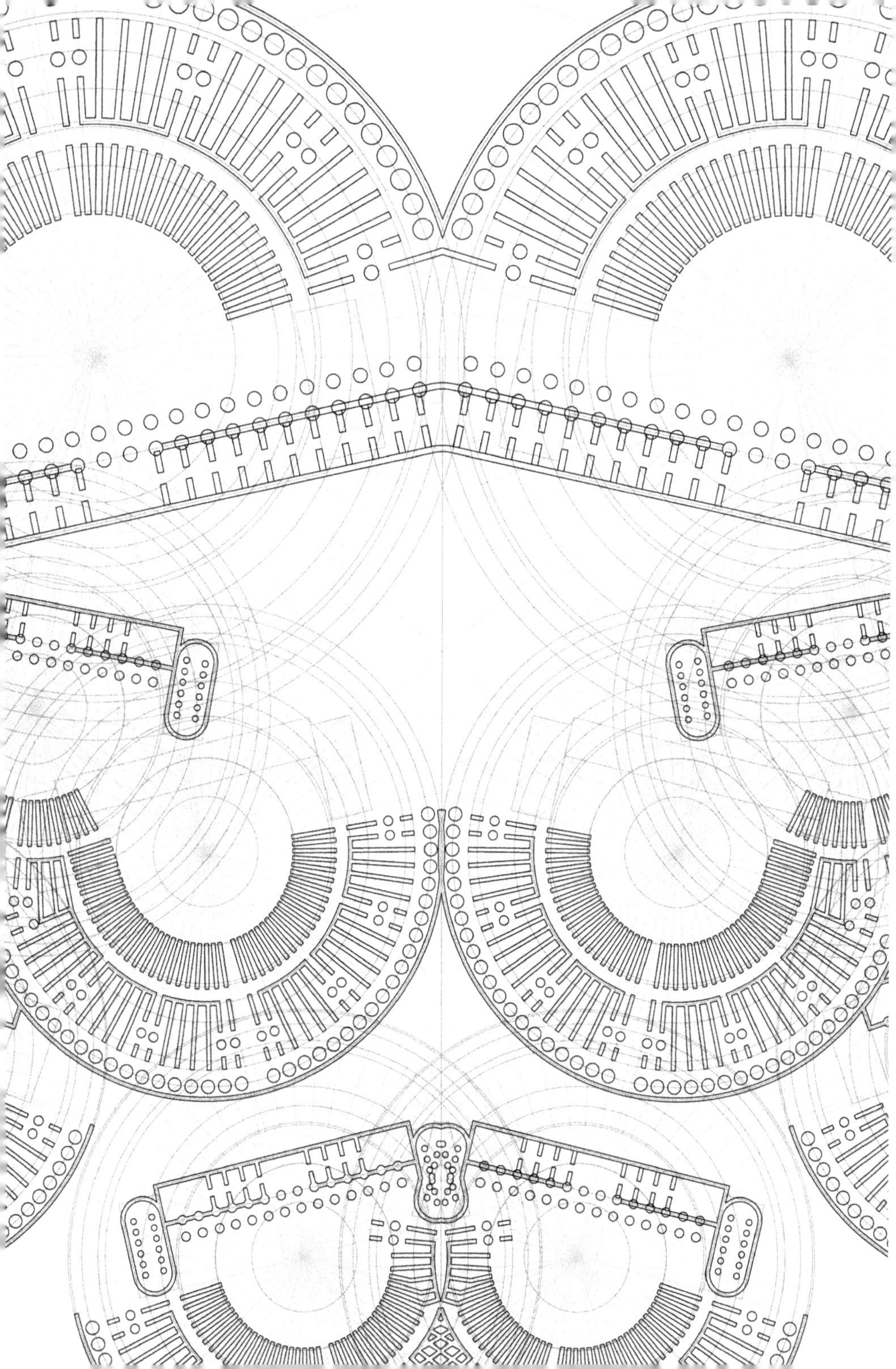

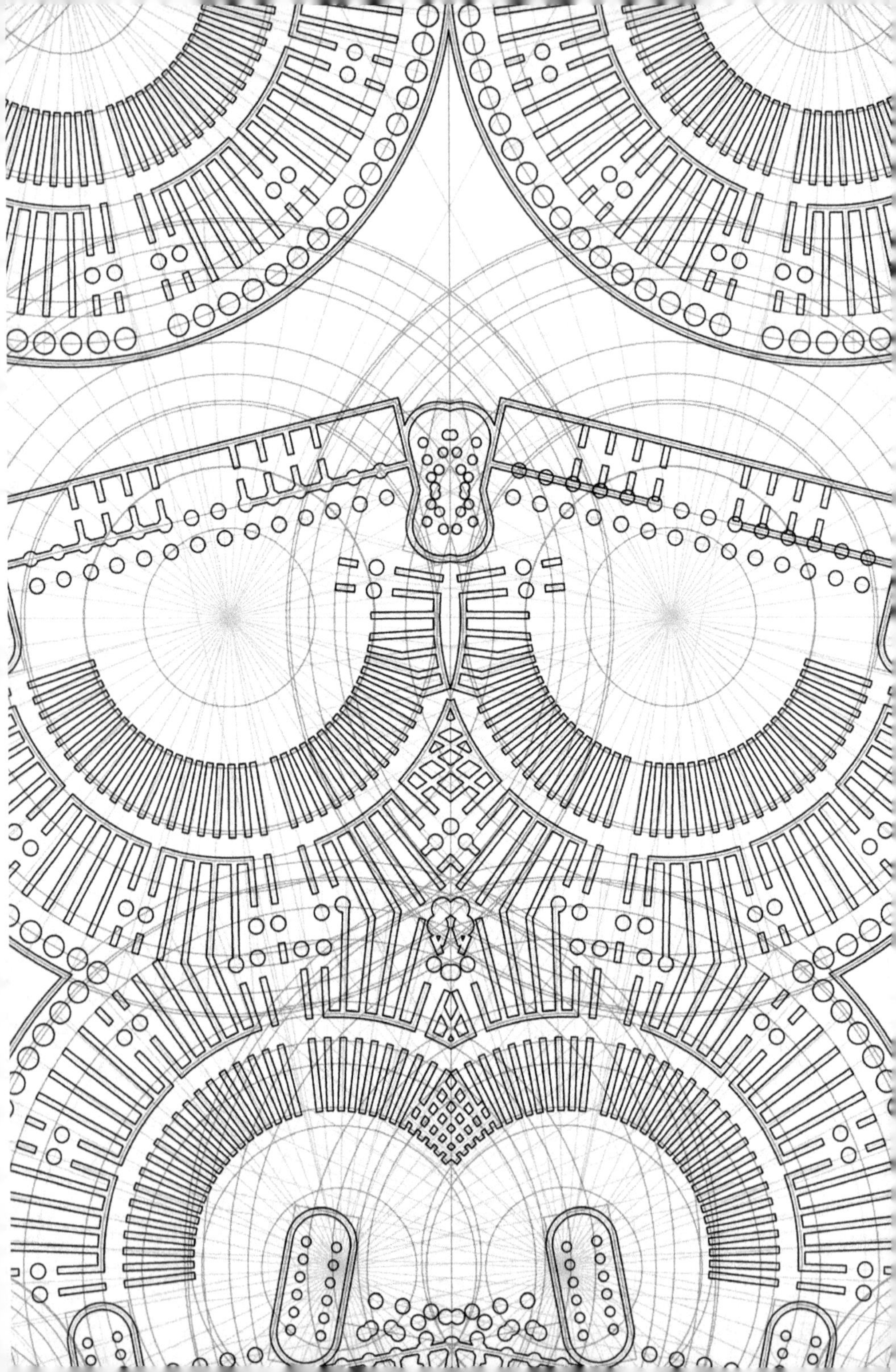

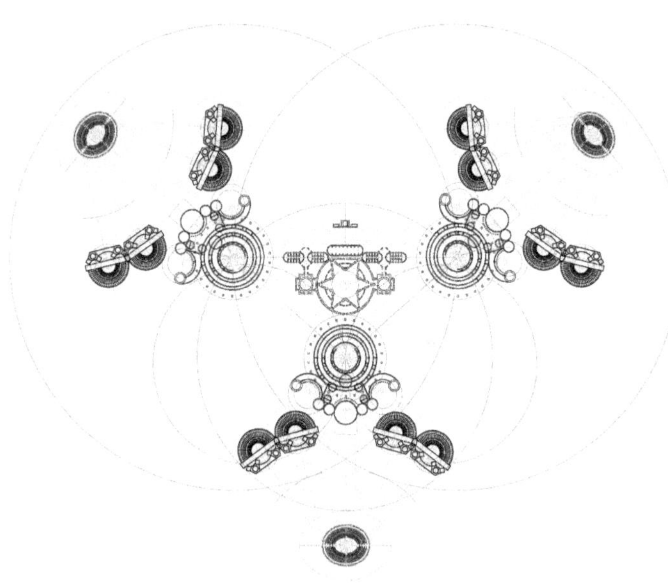

Modelos del Campo Marzio por Melisa Brieva y Santiago Miret, 2020.

Modelos del Campo Marzio por Melisa Brieva y Santiago Miret, 2020.

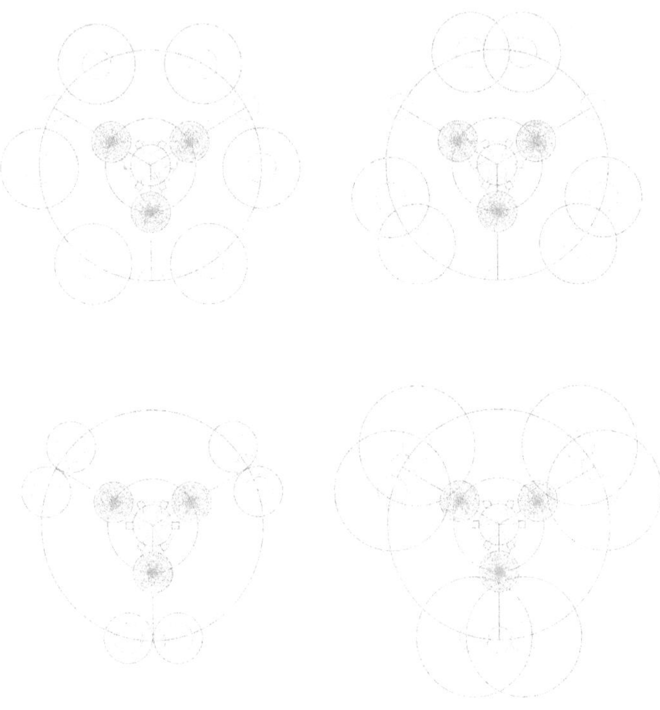

Modelos del Campo Marzio por Melisa Brieva y Santiago Miret, 2020.

Modelos del Campo Marzio por Melisa Brieva y Santiago Miret, 2020.

Modelos del Campo Marzio por Melisa Brieva y Santiago Miret, 2020.

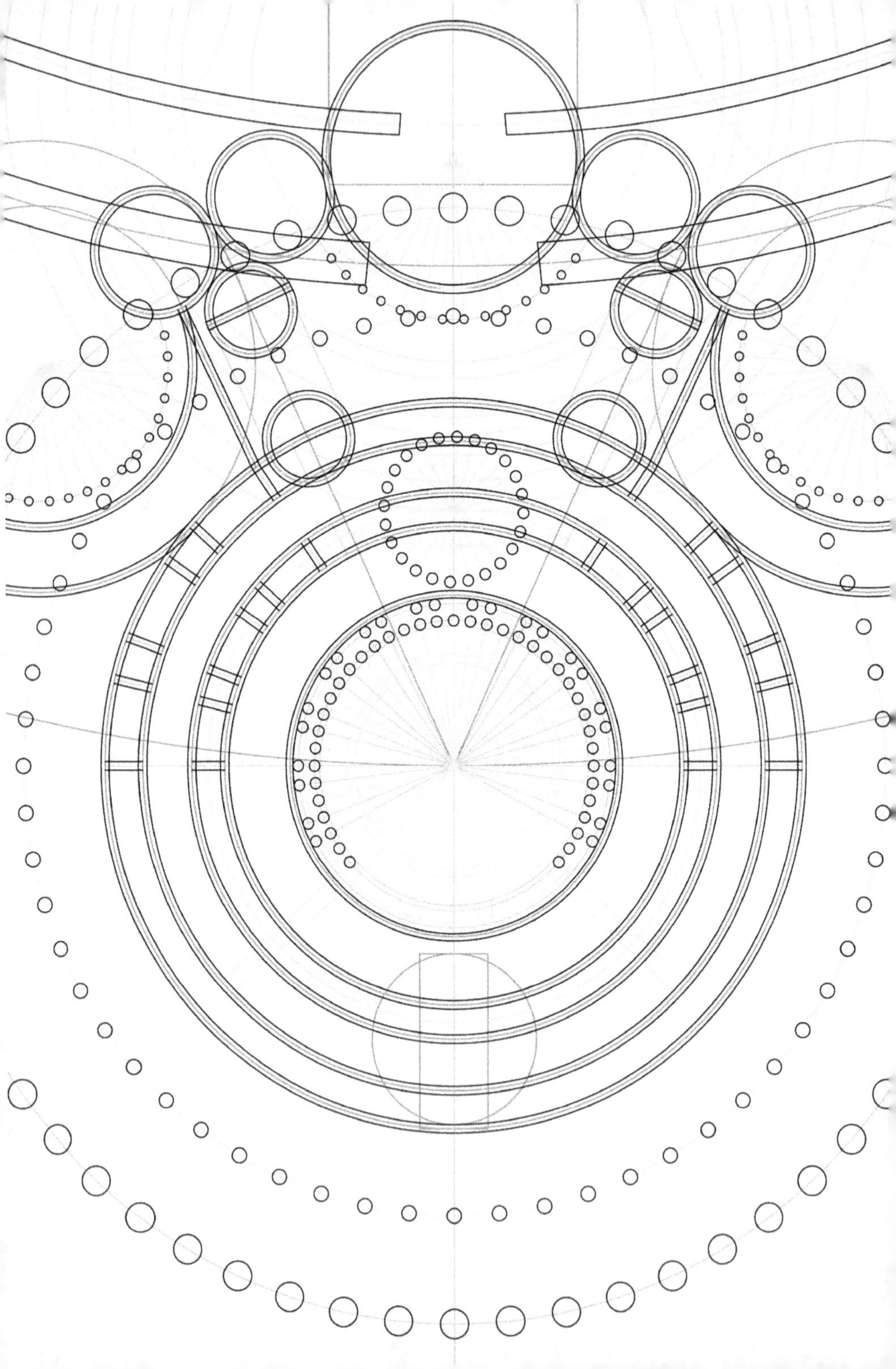

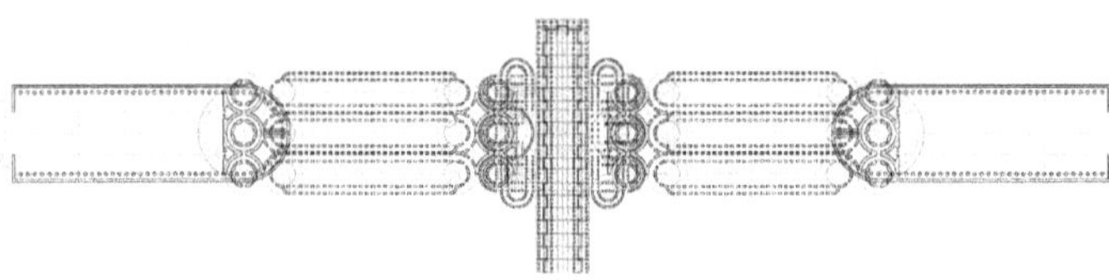

Modelos del Campo Marzio por Melisa Brieva y Santiago Miret, 2020.

Modelos del Campo Marzio por Melisa Brieva y Santiago Miret, 2020.

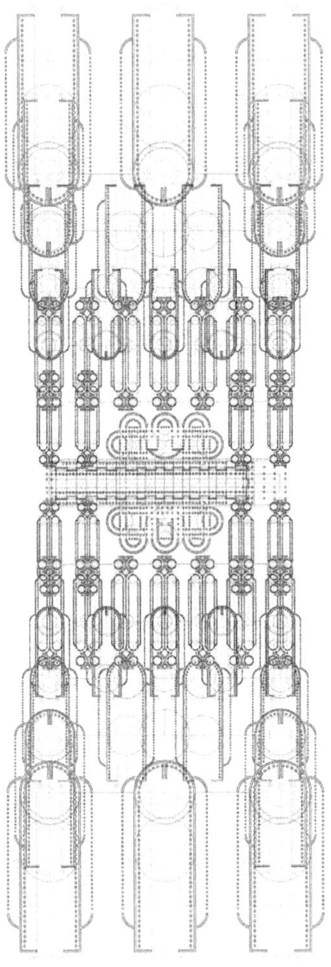

Modelos del Campo Marzio por Melisa Brieva y Santiago Miret, 2020.

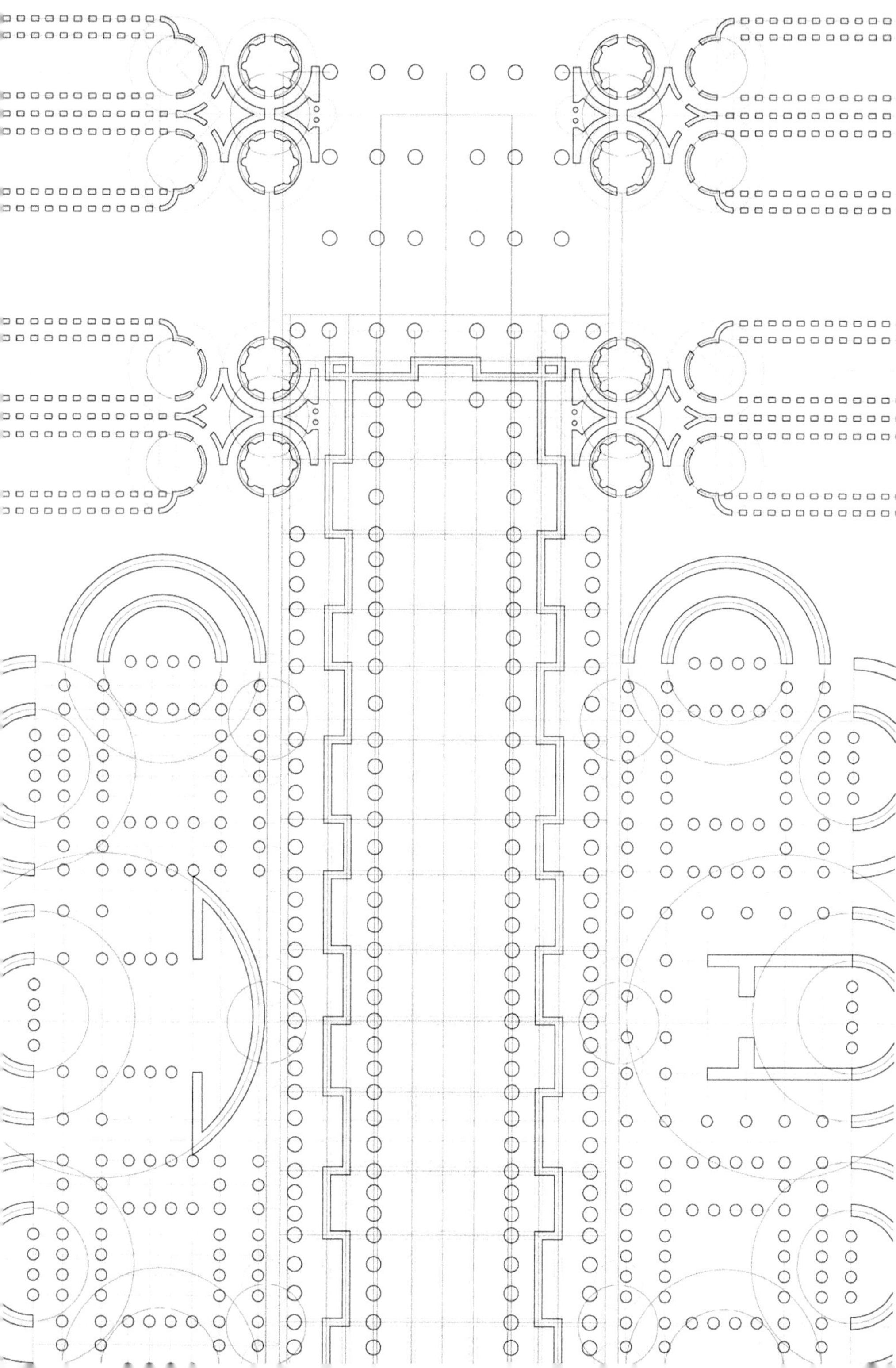

3. Proyectos
Ensamblajes consolidados

La última etapa implica la síntesis de los ensamblajes de sistemas en patrones arquitectónicos concretos en los que se identifiquen espacialidades múltiples. De este modo se busca articular organización con un mayor grado de proyectividad, esto es, con ideas proyectivas más direccionadas hacia organizaciones múltiples nuevas.

Si bien se opera también, al igual que en la segunda etapa, con modelos extraídos de fragmentos del Campo Marzio original, las propuestas son más libres de las estructuras organizativas originales. Se proponen proyectos donde los centros, periferias, trazas, ejes, radios y perímetros son construidos a partir de una *tabula rasa* que busca nuevas formas de organización de los sistemas en juego.

De este modo, emergen proyectos nuevos, con nuevos bordes y formas de organización diferentes a las originales, pero que en su fundamento organizativo operan desde modelos extraídos del supermodelo del Campo Marzio.

Proyecto de reorganización de múltiples centros. Pasantía, Cátedra Lencinas, Carrera de Arquitectura, Facultad de Arquitectura Diseño y Urbanismo, Universidad de Buenos Aires. Profesores Melisa Brieva y Santiago Miret. Estudiante Ana Inés Cruces, 2020.

Proyecto de reorganización de múltiples centros. Pasantía, Cátedra Lencinas, Carrera de Arquitectura, Facultad de Arquitectura Diseño y Urbanismo, Universidad de Buenos Aires. Profesores Melisa Brieva y Santiago Miret. Estudiante Ana Inés Cruces, 2020.

Proyecto de reorganización de múltiples centros. Pasantía, Cátedra Lencinas, Carrera de Arquitectura, Facultad de Arquitectura Diseño y Urbanismo, Universidad de Buenos Aires. Profesores Melisa Brieva y Santiago Miret. Estudiante Ana Inés Cruces, 2020.

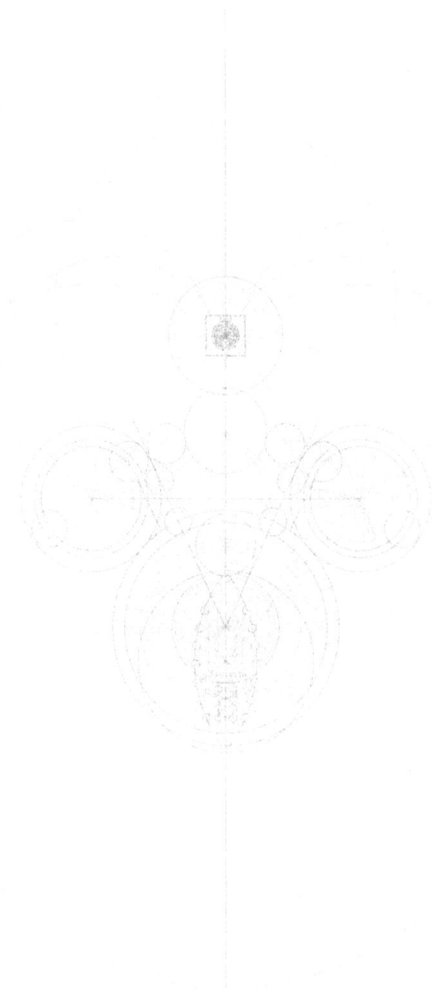

Proyecto de reorganización de múltiples centros. Pasantía, Cátedra Lencinas, Carrera de Arquitectura, Facultad de Arquitectura Diseño y Urbanismo, Universidad de Buenos Aires. Profesores Melisa Brieva y Santiago Miret. Estudiante Ana Inés Cruces, 2020.

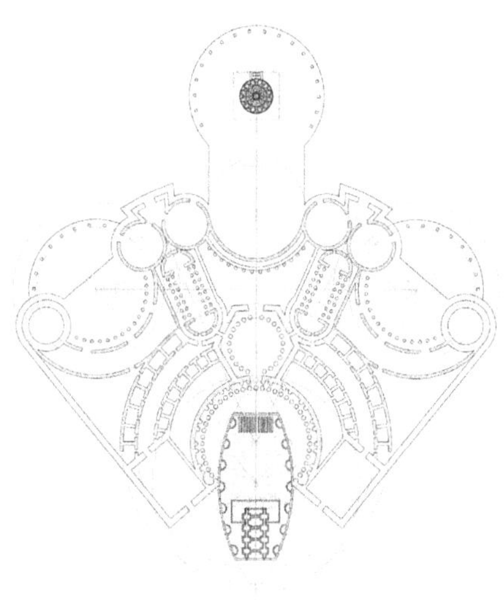

Proyecto de reorganización de múltiples centros. Pasantía, Cátedra Lencinas, Carrera de Arquitectura, Facultad de Arquitectura Diseño y Urbanismo, Universidad de Buenos Aires. Profesores Melisa Brieva y Santiago Miret. Estudiante Ana Inés Cruces, 2020.

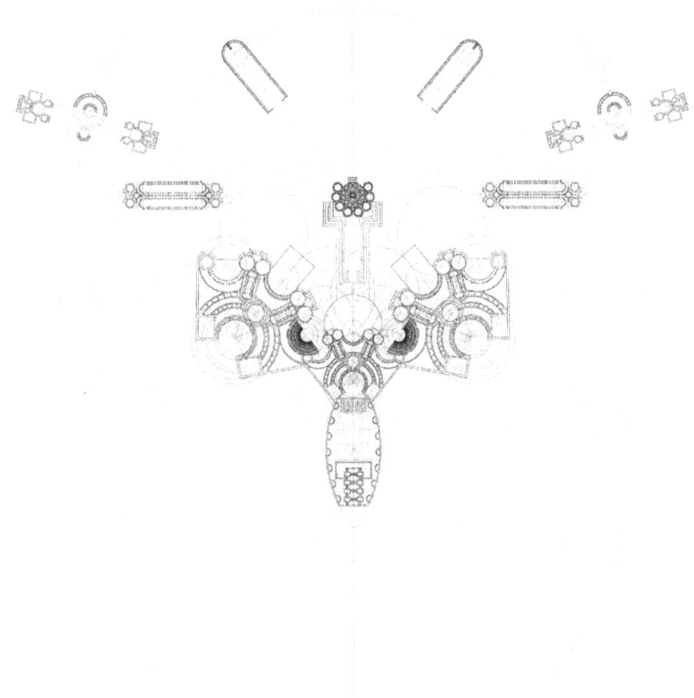

Proyecto de reorganización de múltiples centros. Pasantía, Cátedra Lencinas, Carrera de Arquitectura, Facultad de Arquitectura Diseño y Urbanismo, Universidad de Buenos Aires. Profesores Melisa Brieva y Santiago Miret. Estudiante Ana Inés Cruces, 2020.

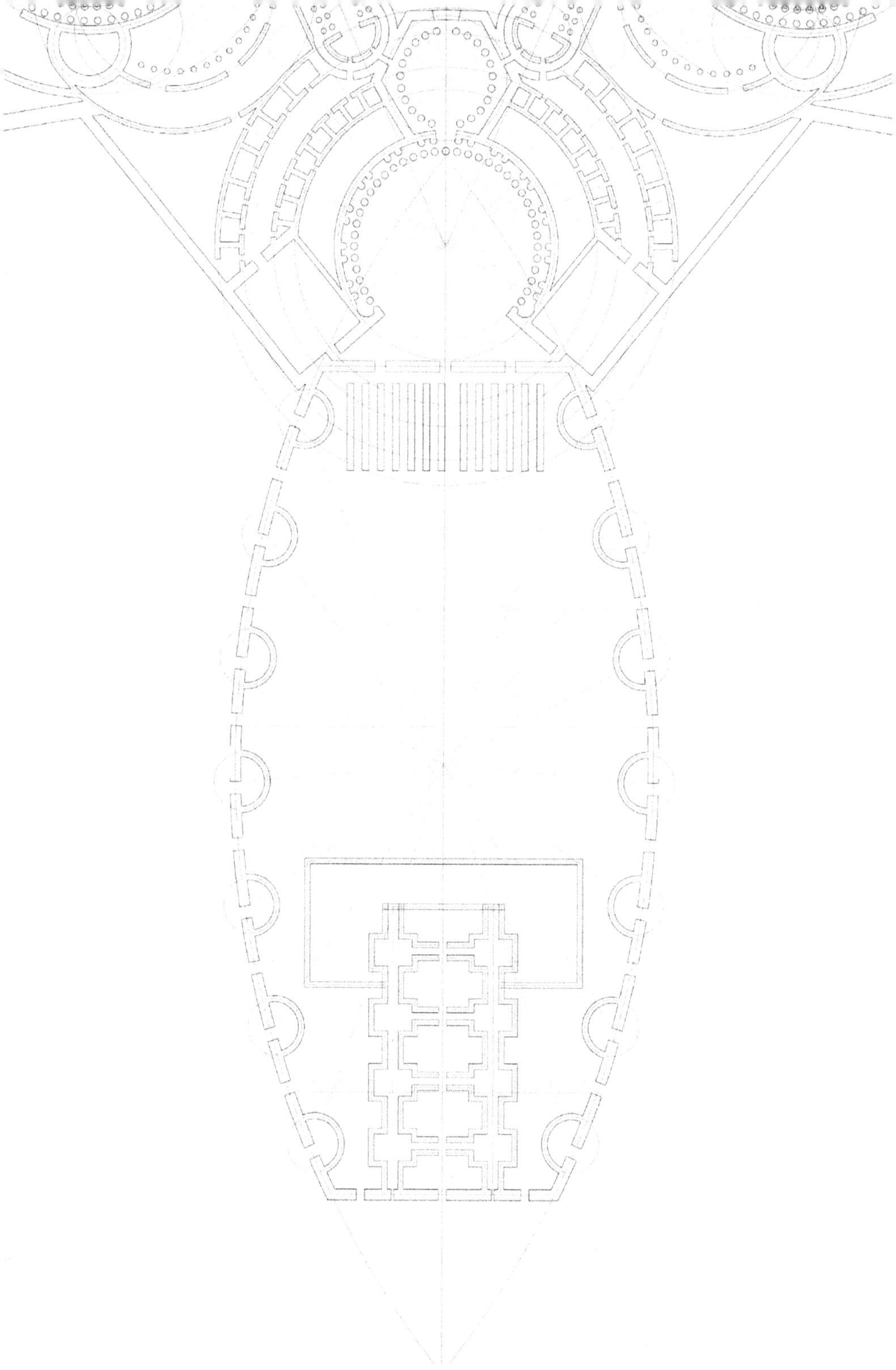

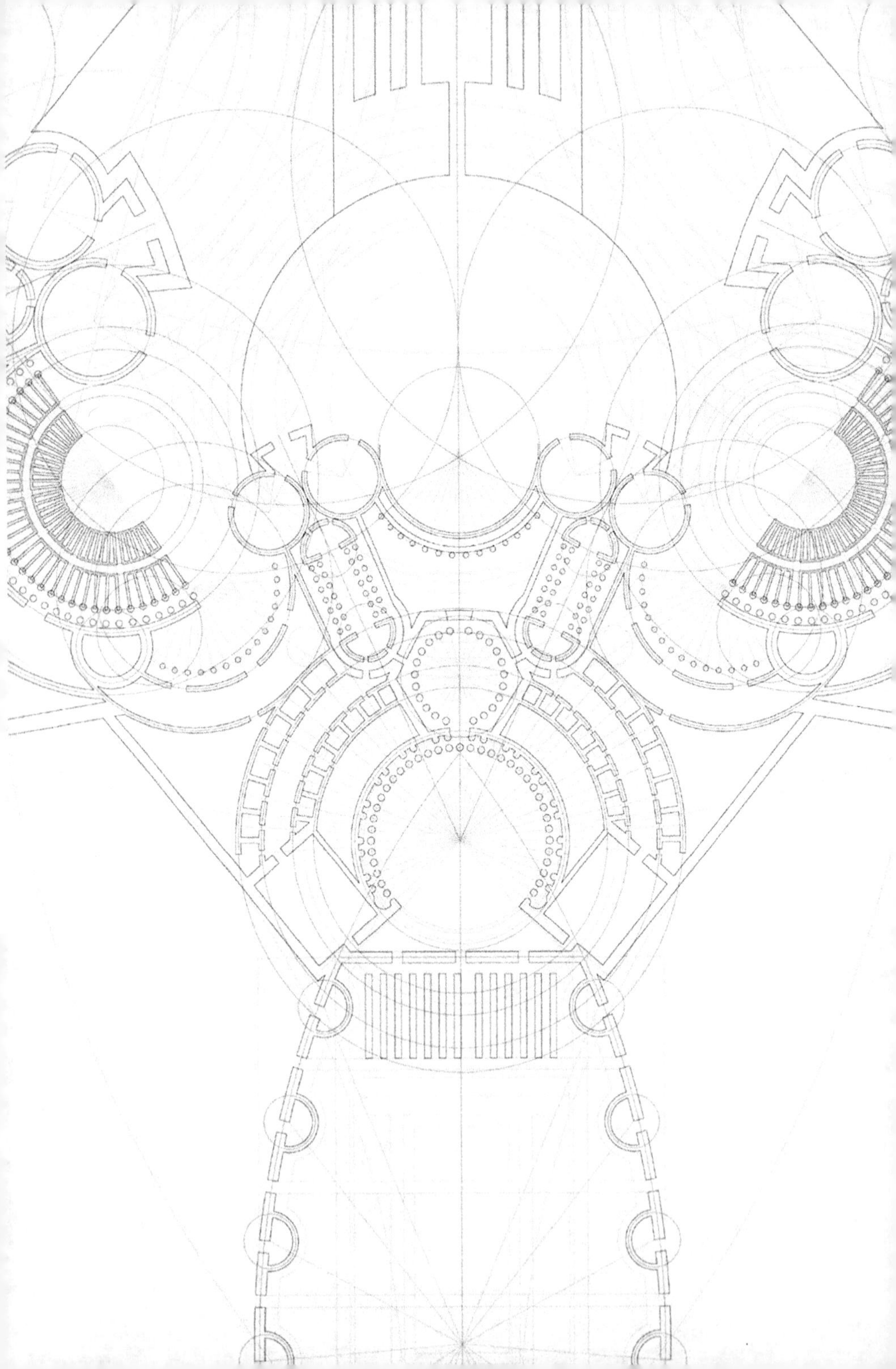

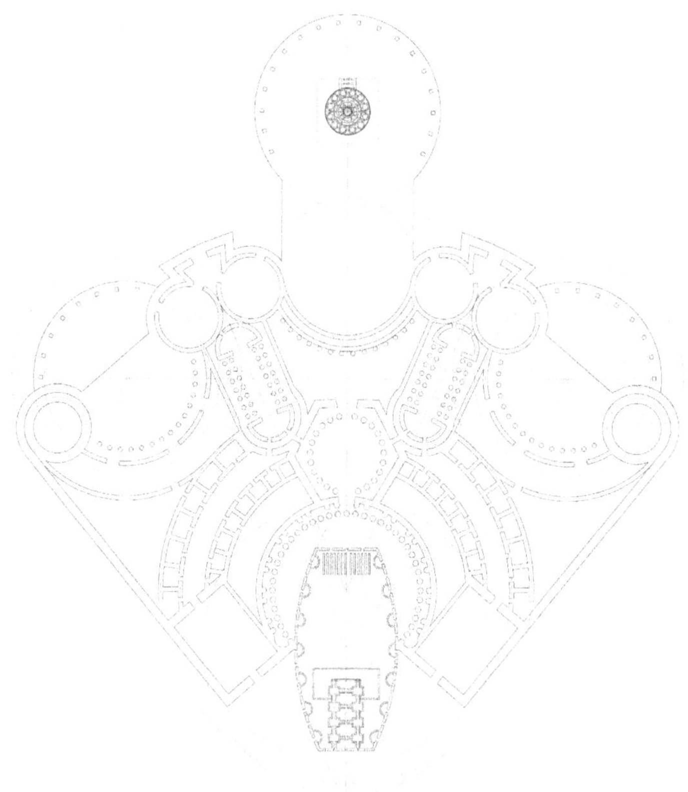

Proyecto de reorganización de múltiples centros. Pasantía, Cátedra Lencinas, Carrera de Arquitectura, Facultad de Arquitectura Diseño y Urbanismo, Universidad de Buenos Aires. Profesores Melisa Brieva y Santiago Miret. Estudiante Ana Inés Cruces, 2020.

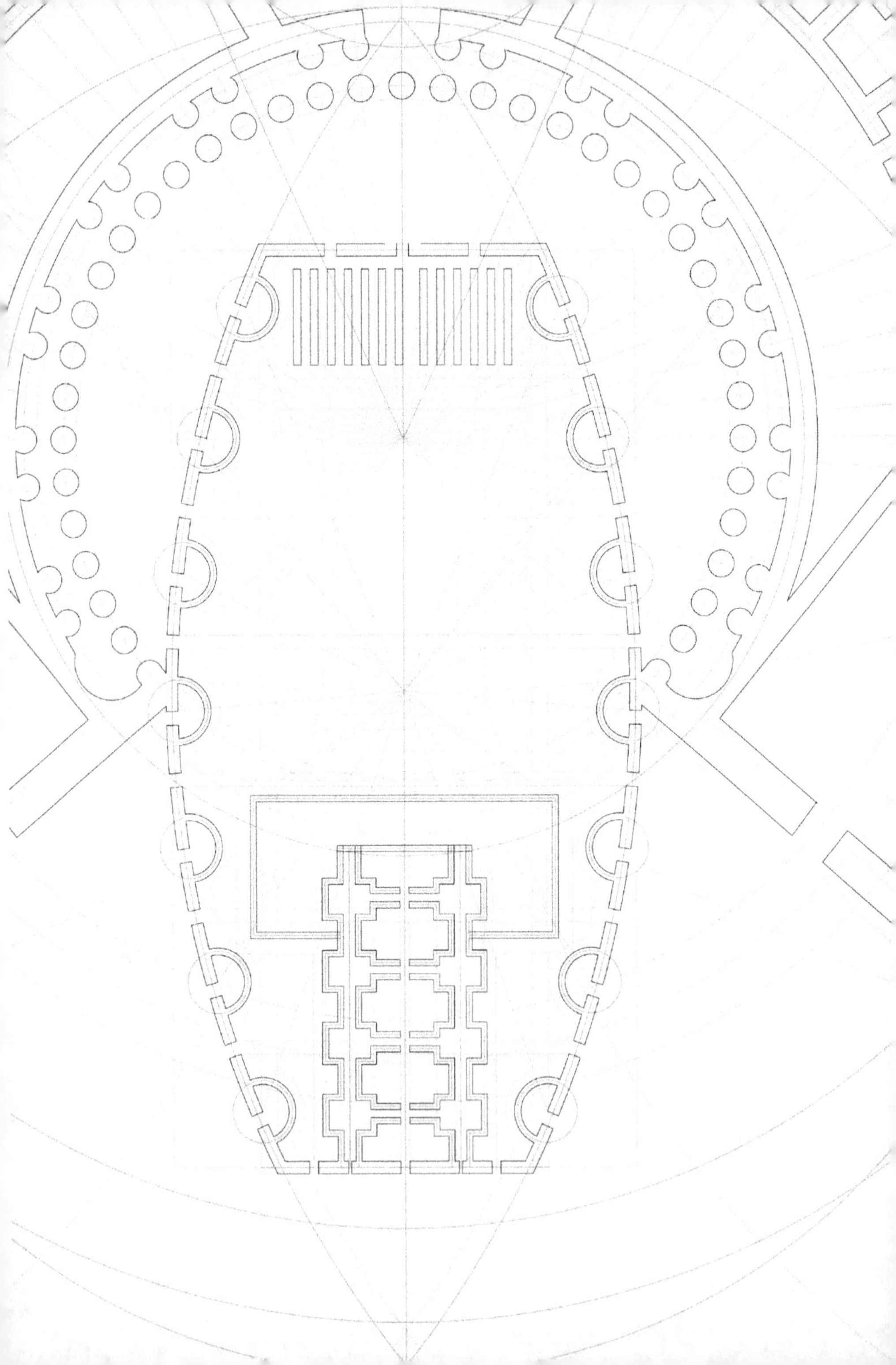

Proyecto de reorganización de múltiples centros, sólo matrices organizativas. Pasantía, Cátedra Lencinas, Carrera de Arquitectura, Facultad de Arquitectura Diseño y Urbanismo, Universidad de Buenos Aires. Profesores Melisa Brieva y Santiago Miret. Estudiante Ana Inés Cruces, 2020.

Proyecto de reorganización de múltiples centros, matrices y elementos arquitectónicos en corte. Pasantía, Cátedra Lencinas, Carrera de Arquitectura, Facultad de Arquitectura Diseño y Urbanismo, Universidad de Buenos Aires. Profesores Melisa Brieva y Santiago Miret. Estudiante Ana Inés Cruces, 2020.

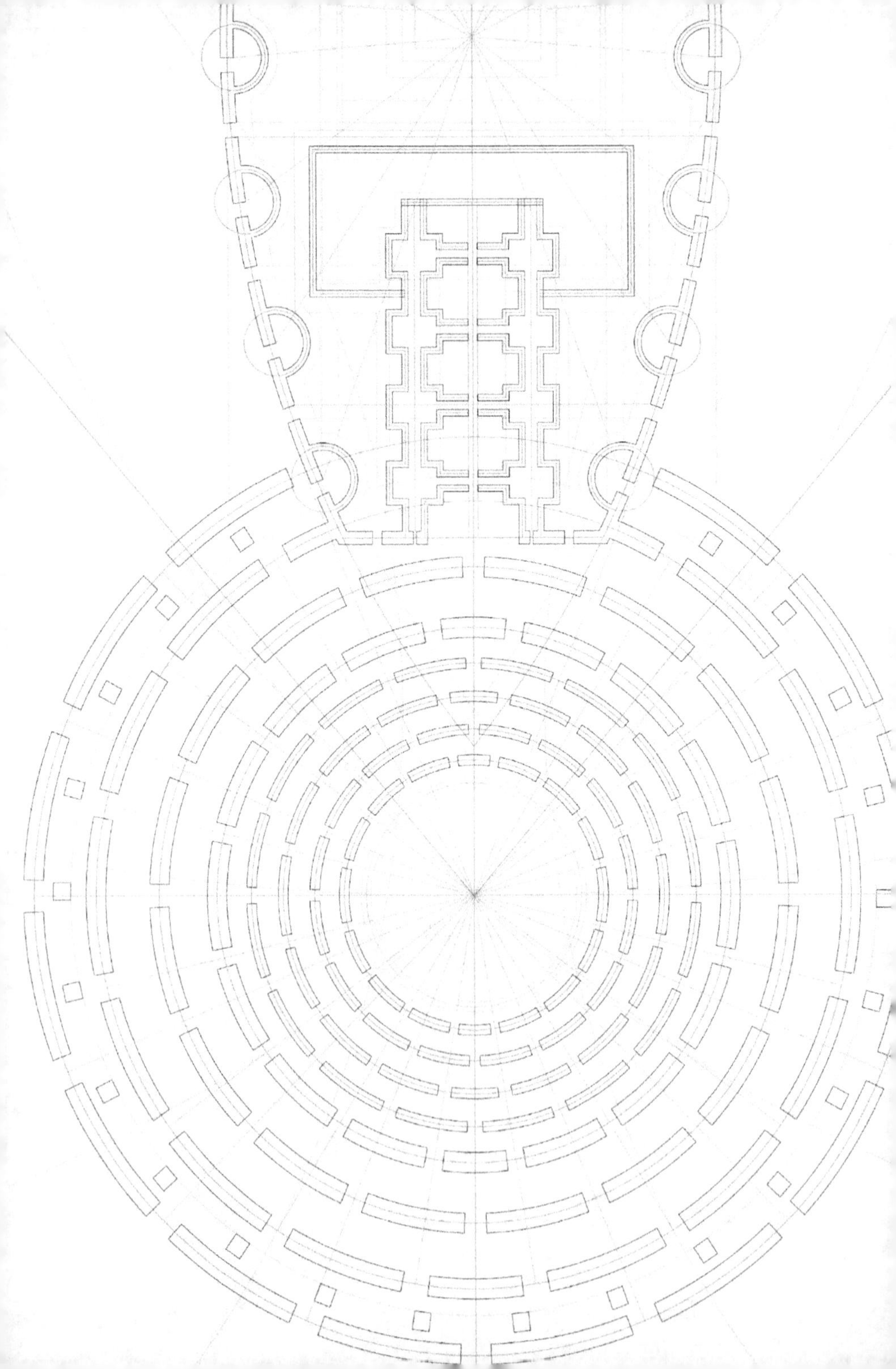

Proyecto de reorganización de múltiples centros. Pasantía, Cátedra Lencinas, Carrera de Arquitectura, Facultad de Arquitectura Diseño y Urbanismo, Universidad de Buenos Aires. Profesores Melisa Brieva y Santiago Miret. Estudiante Ana Inés Cruces, 2020.

Proyecto de reorganización de múltiples patrones yuxtapuestos. Pasantía, Cátedra Lencinas, Carrera de Arquitectura, Facultad de Arquitectura Diseño y Urbanismo, Universidad de Buenos Aires. Profesores Melisa Brieva y Santiago Miret. Estudiante Cynthia Solipaca, 2020.

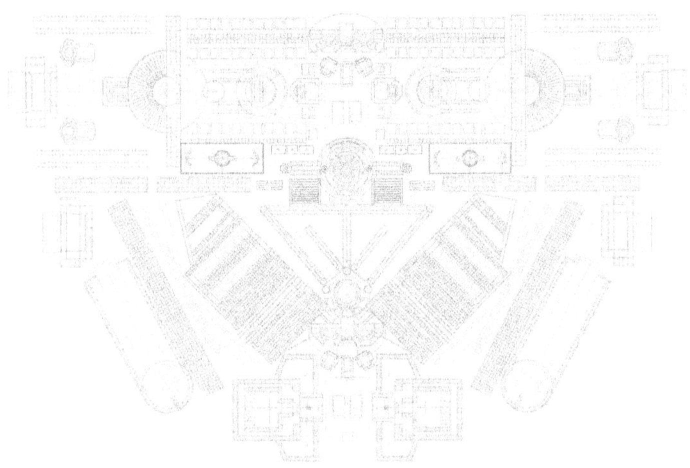

Proyecto de reorganización de múltiples patrones yuxtapuestos. Pasantía, Cátedra Lencinas, Carrera de Arquitectura, Facultad de Arquitectura Diseño y Urbanismo, Universidad de Buenos Aires. Profesores Melisa Brieva y Santiago Miret. Estudiante Cynthia Solipaca, 2020.

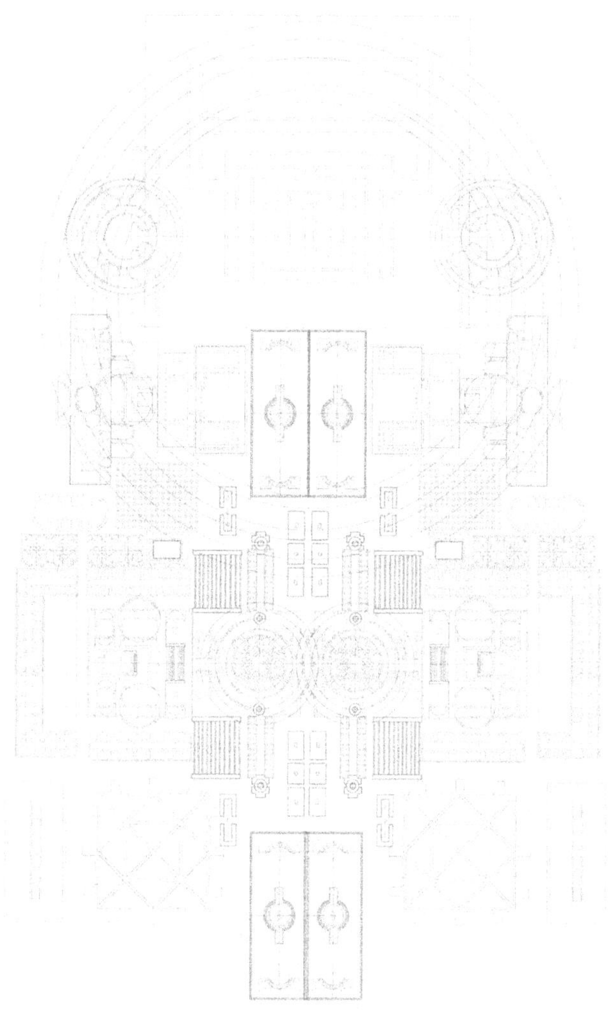

Proyecto de reorganización de múltiples patrones yuxtapuestos. Pasantía, Cátedra Lencinas, Carrera de Arquitectura, Facultad de Arquitectura Diseño y Urbanismo, Universidad de Buenos Aires. Profesores Melisa Brieva y Santiago Miret. Estudiante Cynthia Solipaca, 2020.

Proyecto de reorganización de centros multiplicados y yuxtapuestos. Pasantía, Cátedra Lencinas, Carrera de Arquitectura, Facultad de Arquitectura Diseño y Urbanismo, Universidad de Buenos Aires. Profesores Melisa Brieva y Santiago Miret. Estudiante Cynthia Solipaca, 2020.

Proyecto de reorganización de centros multiplicados y yuxtapuestos. Pasantía, Cátedra Lencinas, Carrera de Arquitectura, Facultad de Arquitectura Diseño y Urbanismo, Universidad de Buenos Aires. Profesores Melisa Brieva y Santiago Miret. Estudiante Cynthia Solipaca, 2020.

Proyecto de reorganización de centros multiplicados y yuxtapuestos. Pasantía, Cátedra Lencinas, Carrera de Arquitectura, Facultad de Arquitectura Diseño y Urbanismo, Universidad de Buenos Aires. Profesores Melisa Brieva y Santiago Miret. Estudiante Cynthia Solipaca, 2020.

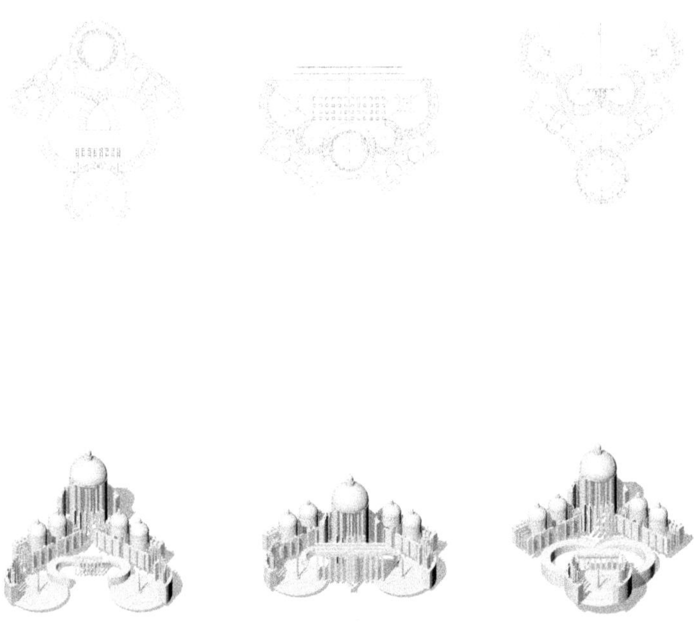

Tres articulaciones simétricas de proyectos de yuxtaposición de modelos. Workshop Digital Futures, Cátedra Lencinas, Carrera de Arquitectura, Facultad de Arquitectura Diseño y Urbanismo, Universidad de Buenos Aires. Profesores Melisa Brieva y Santiago Miret. Estudiante Ernesto Castro, 2020.

Proyecto de tridimensionlización de articulación múltiple simétrica. Workshop Digital Futures, Cátedra Lencinas, Carrera de Arquitectura, Facultad de Arquitectura Diseño y Urbanismo, Universidad de Buenos Aires. Profesores Melisa Brieva y Santiago Miret. Estudiante Ernesto Castro, 2020.

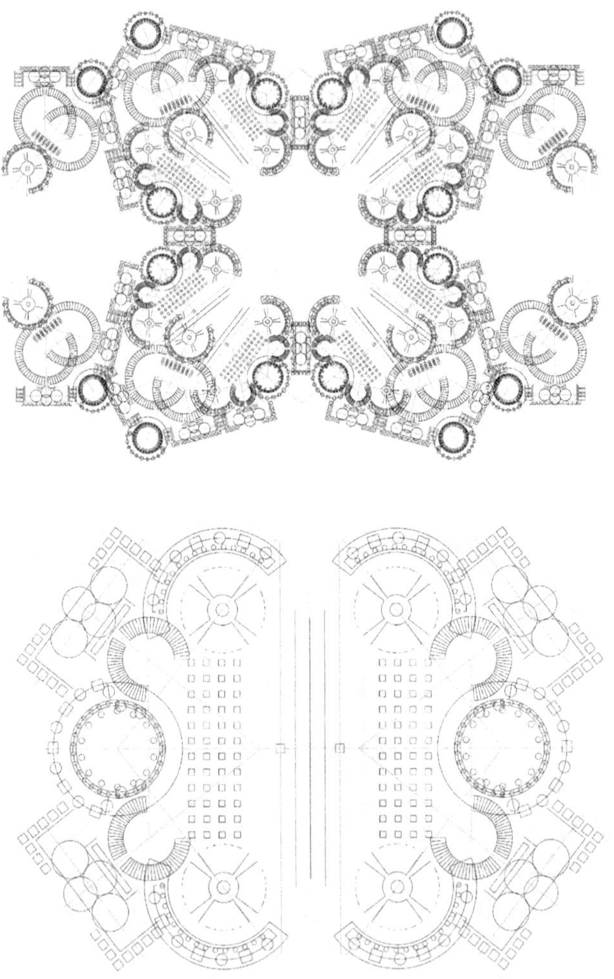

Proyectos de de doble simetría yuxtapuesta. Workshop Digital Futures, Cátedra Lencinas, Carrera de Arquitectura, Facultad de Arquitectura Diseño y Urbanismo, Universidad de Buenos Aires. Profesores Melisa Brieva y Santiago Miret. Estudiante Ernesto Castro, 2020.

Proyectos de de doble simetría yuxtapuesta. Workshop Digital Futures, Cátedra Lencinas, Carrera de Arquitectura, Facultad de Arquitectura Diseño y Urbanismo, Universidad de Buenos Aires. Profesores Melisa Brieva y Santiago Miret. Estudiante Ernesto Castro, 2020.

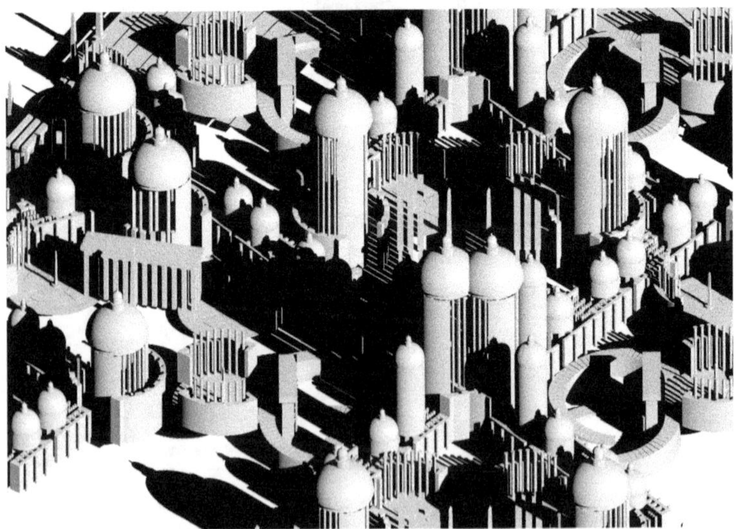

Detalles de tridimensionalización de fragmentos. Workshop Digital Futures, Cátedra Lencinas, Carrera de Arquitectura, Facultad de Arquitectura Diseño y Urbanismo, Universidad de Buenos Aires. Profesores Melisa Brieva y Santiago Miret. Estudiante Ernesto Castro, 2020.

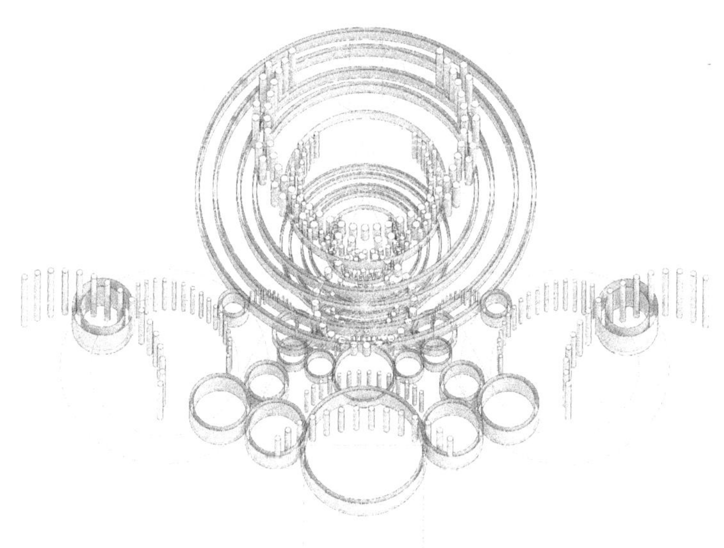

Tridimensionalización de proyecto simétrico de múltiples centros concéntricos. Workshop Digital Futures, Cátedra Lencinas, Carrera de Arquitectura, Facultad de Arquitectura Diseño y Urbanismo, Universidad de Buenos Aires. Profesores Melisa Brieva y Santiago Miret. Estudiante Natasha Boroda, 2020.

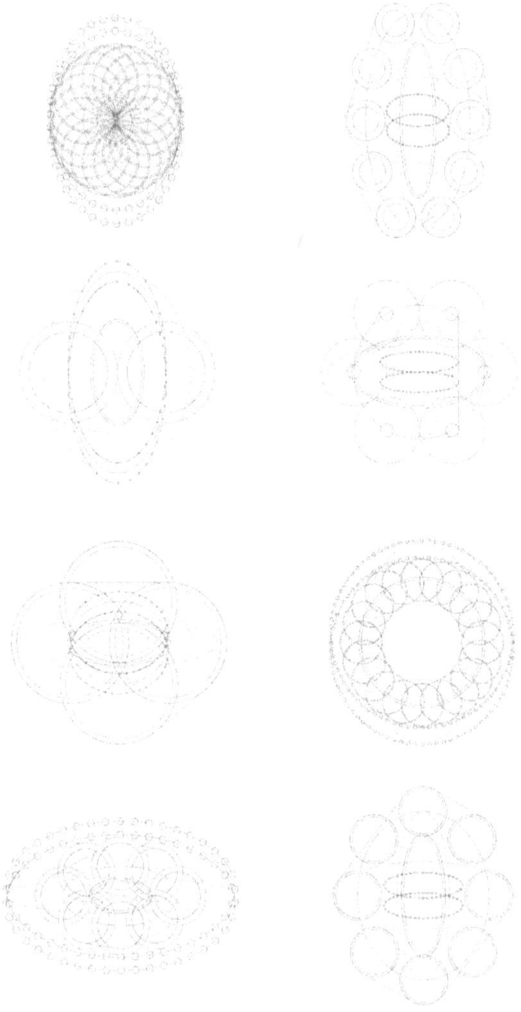

Patrones de proliferación de círculos sobre óvalos. Workshop Digital Futures, Cátedra Lencinas, Carrera de Arquitectura, Facultad de Arquitectura Diseño y Urbanismo, Universidad de Buenos Aires. Profesores Melisa Brieva y Santiago Miret. Estudiante Nicolás Neira, 2020.

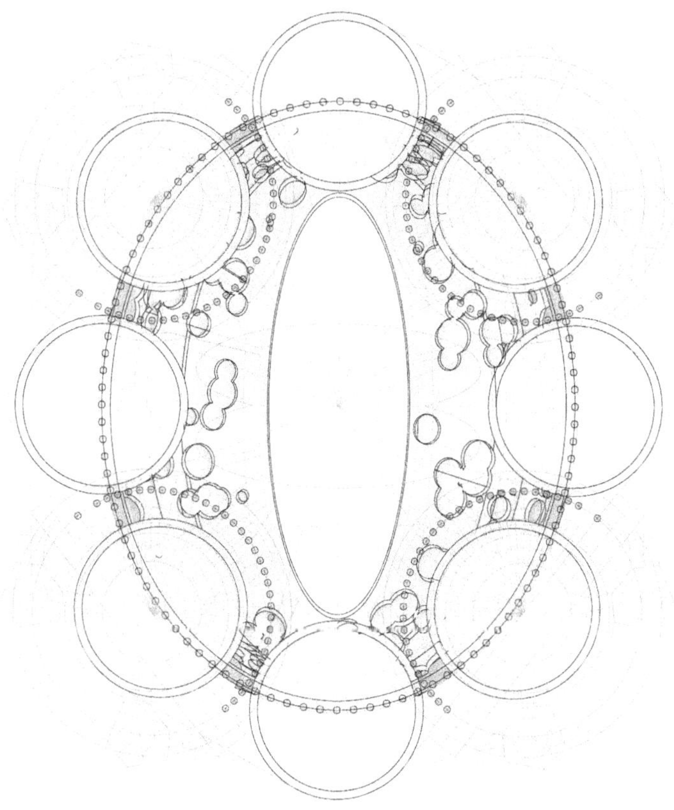

Planta de proyecto de proliferación de círculos sobre óvalos. Workshop Digital Futures, Cátedra Lencinas, Carrera de Arquitectura, Facultad de Arquitectura Diseño y Urbanismo, Universidad de Buenos Aires. Profesores Melisa Brieva y Santiago Miret. Estudiante Nicolás Neira, 2020.

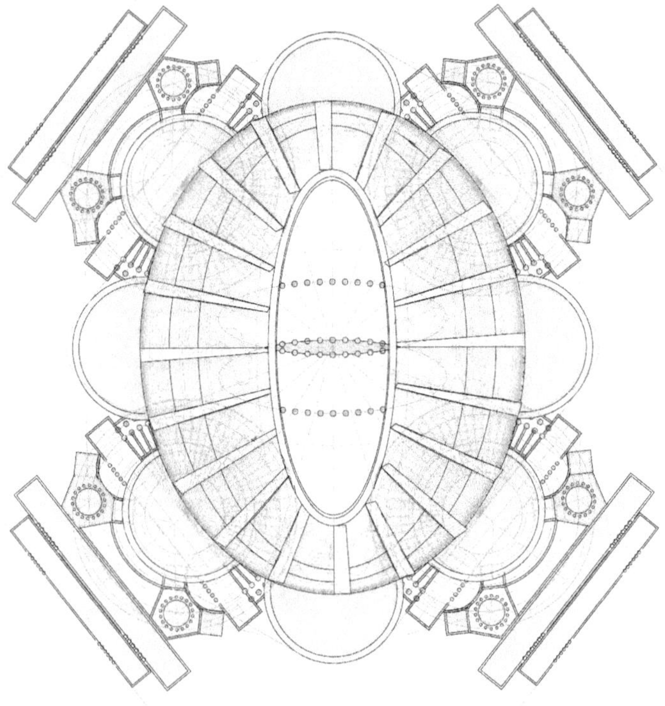

Planta de proyecto de proliferación de círculos sobre óvalos. Workshop Digital Futures, Cátedra Lencinas, Carrera de Arquitectura, Facultad de Arquitectura Diseño y Urbanismo, Universidad de Buenos Aires. Profesores Melisa Brieva y Santiago Miret. Estudiante Nicolás Neira, 2020.

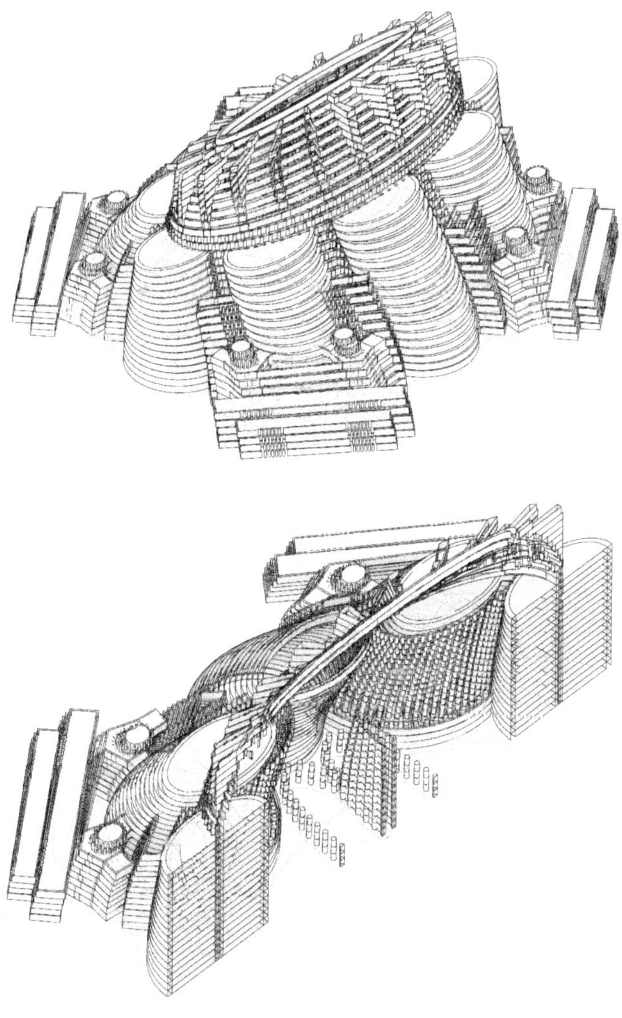

Tridimensionalización de proyecto de proliferación de círculos sobre óvalos. Workshop Digital Futures, Cátedra Lencinas, Carrera de Arquitectura, Facultad de Arquitectura Diseño y Urbanismo, Universidad de Buenos Aires. Profesores Melisa Brieva y Santiago Miret. Estudiante Nicolás Neira, 2020.

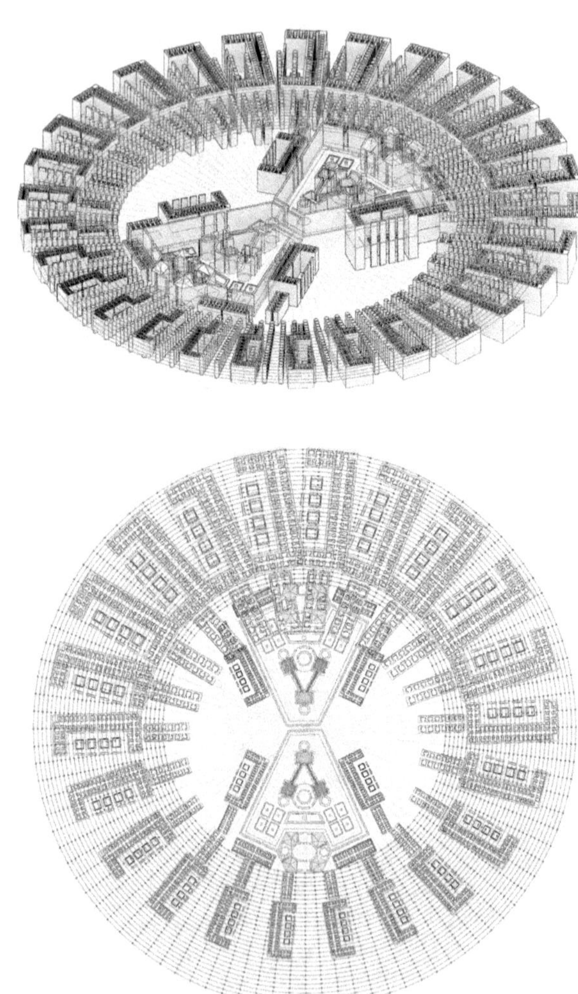

Proyecto radial de crecimiento progresivo. Workshop Digital Futures, Cátedra Lencinas, Carrera de Arquitectura, Facultad de Arquitectura Diseño y Urbanismo, Universidad de Buenos Aires. Profesores Melisa Brieva y Santiago Miret. Estudiante Tayanna Abrahão, 2020.

Conclusiones

Los Supermodelos son estructuras organizativas superiores que admiten una gran cantidad de derivaciones proyectivas. Esto sólo es posible con construcciones que trascienden el proyecto único, que son ambiguas en sus alcances pero que poseen un altísimo grado de definición en términos de su geometría y organización de base. Es decir, no determinan bordes organizativos ni teóricos, pero sus centros portan una altísima definición y claridad conceptual.

Las construcciones conceptuales de Durand admiten esta categorización dado en primer lugar su altísimo grado de claridad de definición en término de estructuras formales y, en segundo lugar por su enorme multiplicidad de aproximaciones al problema organizativo. Durand nos presenta una gran multiplicidad de aproximaciones a problemas organizativos genéricos que habilitan a la construcción de proyectos con alto grado de singularidad. Pero esta singularidad no viene dada por el supermodelo, sino que es una construcción que el proyectista debe desarrollar *a posteriori*. De este modo, la construcción de proyectos se vuelve una tarea pseudo-arqueológica, en la búsqueda de la singularización de estructuras ya expuestas en el Precís de manera más o menos genérica.

Durand también determina un modo de representación con sus propios códigos y estructuras de pensamiento que definen o preparan el terreno para los proyectos derivados de su Supermodelo. Casi no existen las vistas en axonométrica o perspectivas con punto de fuga. Prácticamente todos los dibujos son desarrollados en vista, planta y corte, con sólo algunas excepciones. Además, se define un renderizado de línea clara, donde las sombras son sólo sugeridas, sólo en algunos casos. Esta estética de la forma del proyecto también incide en el modo en que los proyectos derivados emergen. Define una arquitectura de bordes claros, donde la separación entre territorio o contexto, y modelo edilicio es tajante. No hay ambigüedades en términos de los alcances de la edificación, ésta está claramente definida por líneas, dobles líneas y contornos.

Finalmente, la estructura matricial (organización geométrica de fondo) es una condición siempre presente en el Supermodelo de Durand. Los sistemas responden a trazas invisibles que recorren los ejes de los muros, delimitan trazas de columnatas y construyen centros de domos y bóvedas. Estas estructuras de orden también representan una condición que determina que los proyectos derivados de Durand poseen una estructura geométrica de base sólida, la cual admite estructuraciones de gran versatilidad y calibración paramétrica.

El caso del Supermodelo del Campo Marzio de Piranesi es diferente. Aquí las estructuras matriciales subyacentes a la forma sólo se dejan ver de manera implícita. Todo en el Campo Marzio está profundamente estructurado por trazas, ejes y centros que no son dibujados de manera explícita, pero que sin ellos sería imposible el encastre yuxtapuesto de tramas y patrones arquitectónicos. Con lo cual, es preciso el esfuerzo adicional en la cosntrucción explícita de estas estructuras de base que nos permiten visualizar el orden subyacente en las geometrías del Campo Marzio de Piranesi.

A su vez, y de manera diferente que en Durand, lo que los franceses luego definirían como *Entourage* (todo aquello en el dibujo arquitectónico que no es estrictamente edilicio, como la vegetación, relieve, sombras, personas, animales, etc.) está profundamente vinculado a las estructuras arquitectónicas. De hecho, los grabados de Piranesi, donde se presenta tanto a una Roma fantástica y resplandeciente, como una en ruinas y tomada por vegetación marginal resultan en complementos fundamentales al Supermodelo del Campo Marzio, ya que corroboran y ejemplifican la tridimensionalización y atmósfera de las organizaciones que, en el plano general, aparecen sólo en planta y cuyo *entourage* se presenta simplemente sugerido.

En Piranesi la representación en planta resulta omnipresente y define tanto la ambigüedad en los bordes de su Supermodelo, como la precisión en su centro. Las plantas definen con absoluta claridad las organizaciones generales de los edificios, su distribución, el modo en el que es factible recorrerlos e, incluso, algunas veces, el programa o destino de los mismos. Sin embargo, presentan una enorme ambigüedad respecto de su tridimensionalidad. Muchas veces, no se demarca una crucería o un módulo de bóvedas, estas cuestiones deben ser, en la mayoría de los casos, deducciones o reconstrucciones proyectivas del arquitecto que analiza el Supermodelo del Campo Marzio. Este hecho vuelve toda interpretación tridimensional del Campo Marzio una especulación proyectiva en sí misma, dando lugar a la aparición de proyectos derivados del mismo.

Tanto Durand como Piranesi construyeron Supermodelos que han de perdurar en la historia disciplinar como ejemplos, tanto de una precisión arquitectónica superlativa en términos de la definición geométrica de sus estructuras y claridad conceptual de sus sistemas de representación, como en la ambigüedad respecto de los alcances de los mismos. Esta relación entre la determinación de normativas de gran precisión respecto de la geometría específica de las propuestas, y la ambigüedad abierta del modo en que estas geometrías son capaces de proliferar, multiplicarse y crecer es lo que vuelve a estas construcciones teórico prácticas verdaderos Supermodelos arquitectónicos.

Agradecimientos

Este libro compila una selección del trabajo realizado durante 2019 y 2020 en la cátedra de Marina Lencinas de la materia Morfología de la carrera de Arquitectura de la Universidad de Buenos Aires. Los trabajos pertenecen a un grupo especial de estudiantes de la materia Morfología que se dedicaron a desarrollar un trabajo con metodologías digitales, a un equipo de pasantes y a un workshop desarrollado en el marco del programa Digital Futures World 2020.

Queremos agradecer a los estudiantes del laboratorio SuperPrecis de 2019 a cargo de los profesores Santiago Miret y Melisa Brieva: Gonzalo Albornoz, Francisco Carrillo, Guadalupe Castro, Luciano Cosentino, Ana Inés Cruces, Carlos Galleguillo, Lucila Gelber, Ignacio Giménez García, Gastón López, Valentina Ortega Contreras , Camila Sordo, Nicolás Taubas, y Martín Vidaurreta Roth.

Gracias también a las pasantes del laboratorio SuperMarzio de 2020, correspondiente a la investigación Supermodelos PIA PyH-44 radicada en la Secretaría de Investigaciones de la Facultad de Arquitectura Diseño y Urbanismo de la UBA, a cargo de los profesores Santiago Miret y Melisa Brieva: Ana Inés Cruces, Malena Azul Masó, y Cynthia Solipaca.

Nuestro agradecimiento a los estudiantes del Workshop SuperMarzio en el marco de Digital Futures World 2020 a cargo de los profesores Santiago Miret y Melisa Brieva: Ernesto Castro, Manuel Martín, Natasha Boroda, Nicolás Neira, Tayanna Abrahão, y Tomás Carbia.

Finalmente, agradecer a todo el equipo de la Cátedra Lencinas por colaborar en el trabajo del día a día, especialmente a Marina Lencinas por darnos el espacio para llevar adelante estas investigaciones, a Aitor Lizarralde por la ayuda en el día a día en el taller, a Carla Legnazzi por la colaboración en la coordinación de las actividades diarias y salidas de campo, y a Ezequiel Policastro por su ayuda en la logística de trabajo en el taller.

www.ingramcontent.com/pod-product-compliance
Lightning Source LLC
LaVergne TN
LVHW010618100826
845148LV00014B/3019

* 9 7 8 1 6 4 3 6 0 8 4 9 5 *